ABISMO Y ESCALADA

ABISMO Y ESCALADA

Soluciones Urgentes

JM. Corchado

Número de Control de la Biblioteca del Congreso de EE. UU.:		2012923938
ISBN:	Tapa Blanda	978-1-4633-2606-7
	Libro Electrónico	978-1-4633-2605-0

Este libro fue impreso en España.

Para realizar pedidos de este libro, contacte con:
Palibrio
1663 Liberty Drive
Suite 200
Bloomington, IN 47403
Gratis desde España al 900.866.949
Gratis desde EE. UU. al 877.407.5847
Gratis desde México al 01.800.288.2243
Desde otro país al +1.812.671.9757
Fax: 01.812.355.1576
ventas@palibrio.com
416980

Índice

PREÁMBULO

Graves problemas españoles en economía. Ideas para buscar soluciones.

Hemos leído muchos libros de política-económica. Oído a muchos economistas disertar sobre el tema del paro. Todos cuentan muy bien lo que pasa, como hemos llegado a ello. Prácticamente ninguno da soluciones concretas. ¿No se atreven? Este estudio, hablará algo de la mala situación actual, pero lo principal es que propone ideas, soluciones. Quizá algunas sean absurdas, otras irrealizables, pero si alguna es, o puede llegar a ser útil nos daremos por muy satisfechos.

Los problemas principales de nuestro país en economía son actualmente

Paro y Déficit

Son los que estudiaremos más a fondo, aunque hay bastantes temas más que también trataremos a continuación.

Veamos algunos problemas para luego intentar buscar soluciones:

1º.- Al reducir gastos, esencial para anular el déficit, se producirán nuevos parados. Hay muchos y serán más. Las soluciones que busquemos para suprimir el paro han de ser urgentes y enérgicas.

2º.- Tendremos que diseñar algún contrato de trabajo especial, basado en que el dinero del paro, subvencione al trabajo. Esta es nuestra principal innovación. Esperemos funcione.

3º.- Veremos como con este sistema todos los parados, además de conseguir trabajo mejoran en prestaciones.

4º.- Comprenderemos que así se llega a que el trabajador sea verdaderamente libre. Hoy está encadenado a su empresa.

5º.- Es esencial para lograr nuestros fines que las empresas ganen dinero, además este beneficio hará subir los sueldos.

6º.- Veremos que la reducción de costes eleva sueldos. También que cualquier coste que sube, reduce sueldos.

7º.- ¿Podemos mantener gastos de nación importante?

8º.- Para reducir gastos, debemos suprimir los innecesarios, evitar inversiones prematuras, simplificar la Justicia, castigar al que derroche.

9º.- Ganar una oposición ¿te da derecho al puesto?

10º.- ¿Es demasiado apetecible ser funcionario?

11º.- ¿Incentivamos ser empresario, la creación de empresas?

12º.- Importantísimo lograr eficacia. No tener un trabajador de nivel alto en un puesto mediocre.

13º.- ¿Qué podemos privatizar, y como, para obtener ingresos y poder amortizar deuda más deprisa?

14º.- Cuidado, en las elecciones, con ofrecer más mejoras de las posibles.

15º.- ¿Es viable nuestro actual nivel del "estado de bienestar"?.

16º.- ¿Cuál es nuestra situación actual?. Tenemos mucho conseguido, también fallos importantes.

17º.- ¿Podemos buscar trabajo a mujeres en pueblos pequeños?

18º.- ¿Podemos permitir que alguna persona pase hambre o duerma en la calle?

19º.- Precisamos ahorro. Debemos diseñar una inversión, para las clases medias, "segura" y "rentable". No más estafas.

20º.- Quizá el punto principal para nuestros gobernantes sea el equilibrio. ¿Cuánto de esto? ¿Cuánto de aquello?. Aumentar todo no es posible. Hay que elegir.

Paro

A pesar de que trataremos todos los temas anteriores, este es nuestro principal problema. Tener más de 5 millones de parados es tan malo que puede hundirnos. Drama económico y aún más grave, humano.

En España algo hacemos mal, pues siempre tenemos más paro que en el resto de Europa. Por ello precisamos cambios, ideas, soluciones.

Hay una idea que todos los economistas piensan, incluso medio indican, aunque no se atreven a decir directamente y es una receta sencilla

Las empresas deben ganar dinero.

Ellas son las únicas que pueden crear empleo útil. Más aún las pequeñas y medianas, que son las que más empleo precisan, con la ventaja, para la creación de estas empresas, de precisar menos capital. Contratar funcionarios o asesores, coloca personas, pero no es bueno, aún más es nocivo. No producen bienes. Equivalen a parados con mayor subsidio, su sueldo, es decir mayor gasto.

Si conseguimos que las empresas ganen dinero, se crearán muchísimas nuevas, aumentarán su actividad las actuales, y entre todas colocarán a los parados, a todos. Los precisarán.

La forma inicial de conseguirlo es rebajándoles costos, para que les sea fácil vender sus productos al tener precios competitivos.

¿Cómo puede el Estado conseguir esta rebaja?

Tiene bastantes armas, y más o menos sirven o han sido útiles en otras ocasiones. Hoy precisamos armas más contundentes. La situación es límite.

Nuestra intención

Proponer una serie de ideas, unas conocidas por muchas personas, otras menos conocidas y quizá alguna nueva, para intentar, lo primero salir de la crisis y a continuación crecer, mejorar y desde luego intentar solucionar nuestros problemas principales y a continuación seguir con los demás desfases, que también son importantes.

Exponemos a continuación el índice de las materias a tratar

CAPÍTULO 1º

Situación actual caótica de la economía en España

Paro Déficit Deuda

Es interesante observar que España siempre tiene más paro que los países de nuestro entorno. Este problema, el paro, muy grave para todas las naciones es aún más grave para nosotros, al tener siempre más paro.

Para conseguir soluciones al grave momento actual, vamos a empezar con el paro, el déficit y la deuda, todos ellos muy relacionados. Cuando solucionemos estos, o estemos camino de ello, podremos ocuparnos de los demás problemas, también muy importantes y con cuya solución mejoraremos aún más.

Este primer capítulo es necesariamente catastrofista. Es una radiografía de nuestra situación y esta es desesperada.

Entre 5 y 6 millones de parados.

Déficit de más del 8%.

Deuda importante y además creciente debido al déficit. El constante incremento de la deuda nos hace más arriesgados para invertir por si llegamos al fracaso, es decir a no poder devolver los préstamos. Ello representa intereses más caros que aún incrementan más nuestro déficit.

Más de 400 puntos básicos de diferencia con el bono alemán, cuando no hace demasiados años estábamos similares.

Gasto desmesurado en Ayuntamientos, Autonomías y Estado Central. En mucha parte debido a los importantes ingresos que se obtenían del tema inmobiliario. Ingresos fáciles y abundantes, propiciaron gastar con facilidad y sin preocupación. Muy sencillo gastar en nuevas cosas, muy difícil restringir luego estos gastos. Una gran parte de este gasto ha sido aumentar personal. Que sobra personal es obvio, 2 o 3 veces más de empleados públicos que hace relativamente poco tiempo. Lo malo es que la supresión de este exceso provocará más paro, y esto es muy poco político hacerlo, aunque sea preciso.

Organización del Estado cara, debido a las Autonomías con sus duplicidades y excesos.

Sindicatos anclados en la 1ª mitad del siglo XX y para colmo subvencionados, quizá los únicos en el mundo.

Es interesante la facilidad con que las naciones con economía democrática, sea liberal, sea socialdemócrata, caen en el problema del paro. ¿Dónde fracasan para que aumente tanto el paro? ¿Qué hacen mal? ¿Qué soluciones se podrían intentar?

Es desde luego su principal problema y parece va unido a su forma de ser. Posiblemente a la propaganda electoral.

En la economía comunista, la actividad, organizada por el Estado, se repartía ente los trabajadores y todos tenían trabajo. Escaso, poco productivo, pero trabajo. Vivían muy mal, carecían casi de todo, pero no les faltaba trabajo.

En las dictaduras tampoco suele haber paro, o es muy escaso. En épocas de Franco, recuerdo un consejo de ministros que se celebró con urgencia porque la cifra de paro, dada a conocer, había llegado al 2%. También recuerdo intentar buscar peones o tractoristas y ser imposible. No había. Tener que traer vendimiadores de Marruecos por ser imposible recoger la cosecha con nuestros trabajadores.

Es cierto que al mismo tiempo mandábamos vendimiadores a Francia con muy buenos sueldos, los salarios aquí estaban bastante más bajos que en Europa. Años antes pastores vascos a USA, donde eran muy cotizados. Luego, en los años 60, trabajadores a Alemania y algunos países más, donde lo pasaban fatal, por el idioma y costumbres, pero ganaban mucho dinero y cuentan que trabajaban más y mejor que los propios alemanes.

¿Tiene solución, en democracia, y principalmente en España, este grave problema del paro? Si, seguro que varias, lo preciso es encontrar alguna.

Daños del paro.

Veamos un poco como el paro destruye a las personas. ¿Y que más daño podemos hacer a una persona, que destruirla, anularla, aniquilarla? ¿Podemos creer que con un subsidio se compensa esta destrucción?

Padres que cambian a los hijos del colegio al no poderlo pagar. Otros pierden su vivienda y tienen que irse a vivir con algún pariente que los acoja. Algunos van a comer a Cáritas, para que sus hijos puedan comer en casa. No consiguen comida para todos. Malvender coche, muebles, joyas, pero solo hasta que estos bienes se acaban. Cuentan que en Grecia, estos días, hay padres que abandonan a sus hijos al no poder alimentarlos y que los suicidios han aumentado de forma alarmante.

¿Dramático? Sí, pero absurdo, pues hay soluciones. Ya propondremos alguna.

Veamos casos:

El parado tiene un subsidio, lógicamente escaso, y mucho, demasiado tiempo libre. Todo. Que fácil hacerse vago, o caer en la droga, o en el robo. Olvidar el hábito del trabajo. Dar un ejemplo lamentable a sus hijos, y sin culpa alguna.

Pensemos en el parado de más de 50 años. Mucho más difícil de reinsertar, de volver a trabajar, candidato a la jubilación. Y puede ser persona de muchos y útiles conocimientos, que se pierden irremediablemente. ¿Podemos, como nación, permitirnos esta pérdida? ¿Este despilfarro?.

Formar a una persona hasta los 18 20 o 25 años, que consiga una carrera o una profesión, prepararse para ser útil a la sociedad, con un coste muy importante, parte a su cargo y gran parte a cargo del Estado. A continuación, muchos a esperar un trabajo quizá 4 o 5 años más, si no tienen suerte. Después puede trabajar y algunos, si tiene mala suerte, solo 10 - 15 años y al final ingresar en el paro, en calidad de jubilados prematuros, pues no encontrarán trabajo. Que desastre. Que despilfarro.

Para nuestro caso, es decir España, estas soluciones son aún más urgentes de encontrar pues algo tenemos mal organizado y desde siempre tenemos más paro que otras naciones similares. ¿Qué defectos o carencias tenemos?. ¿Que nos falla?.

Parte del problema es la falta de flexibilidad en los despidos, imposibles en el franquismo, difíciles, y sobre todo caros, después. Los Tribunales Laborales, desde su principio en época franquista, siempre se han inclinado por el obrero, no por la justicia. ¿Existen realmente "despidos procedentes"?

Otro de nuestros defectos es la soberbia o la avaricia. Soy oficial y me despiden, no admito un trabajo de simple obrero, prefiero el paro. Un Ingeniero despedido no admitirá un puesto de Perito.

Si tengo conocimientos, o creo los tengo, de valor 100 no admitiré un puesto que solo precise 60. Si ganaba 2.000 € no trabajaré por 1.000 o 1.500 €, pensaré que esto es venderme, y seré capaz de vivir con un paro de 800 € esperando lo que no llega.

Creo que esta forma de actuar es lo que explica que antes de Caldera hubiera de 1,6 a 2 millones de parados y se trajo 4 millones de extranjeros que encontraron trabajo. ¿Existía trabajo? Claro que si, ¿por qué no se colocaban los parados? Preferían su subvención o subsidio a trabajar. Si actuaban de esta forma ¿tenían derecho a este subsidio?. Sin él, la necesidad les hubiera hecho trabajar. Es un caso claro de subsidio excesivo, y malo por tanto, incluso para el trabajador, que le anima a no trabajar. Parecido al dichoso PER. ¿Por qué hoy se están yendo al extranjero tantos universitarios y pocos o muy pocos trabajadores manuales, como en los años 60?

¿Es posible que muchos de estos parados, consigan aparte del subsidio alguna chapuza?. De ser así, se comprende prefieran estar aquí que irse fuera a buscar trabajo. En realidad estamos promocionando el trabajo sumergido. Trabajo injusto por la competencia desleal y por no tributar, pero que aceptamos pues al menos trabajan, producen, aunque no sea mucho. Mejor este trabajo cobrando por B, timando al Estado, haciendo competencia desleal a sus compañeros, que estar realmente parado, al menos producen.

Déficit

Otro tema es el déficit. Muy alto, lo que hace que la deuda sea bastante creciente. Cuanto más debe un país es más fácil que llegue día en que no pueda pagar sus obligaciones. Esto hace que los intereses a que nos prestan sean cada vez más altos y con ello aún más difícil reducir el déficit. Es un nuevo gasto, los nuevos intereses que se suman al déficit inicial que teníamos. Única solución contra esta terrible espiral es gastar menos, llegar a no tener déficit. Si conseguimos tener algo de superávit, aunque sea poco, daremos confianza a los mercados, volveremos a la triple A, los intereses que nos cobren se reducirán al mínimo y esto aminora gastos y permite tener más superávit, que irá a disminuir deuda. Al menos es donde necesariamente tiene que ir. No usemos jamás este superávit para otros gastos, nos engañaríamos y volveríamos a la falta de confianza del exterior y a los intereses caros. Una "deuda" que se reduce, es la mayor garantía de que pagamos y pagaremos.

Desde el punto de vista del paro, gastar menos significa, en su mayor parte, reducir personal que tendrá que ir al paro, reducir obras públicas que también disminuye empleo. Todo ello, y es necesario, indica que el paro, enorme en estos momentos, crecerá.

Malo, muy malo, pero necesario. Es la única forma de salir del desastre actual. El personal que sobra en la administración es similar a parados, pero con un subsidio mucho más alto, su sueldo.

Nos tememos que políticas muy ortodoxas, muy buenas en otras situaciones, no sean ahora suficientes. Es preciso conseguir colocar a los parados, los que ya tenemos, y los que pronto aparecerán al reducir gastos de forma urgente, no podemos contentarnos con las medidas normales, las conocidas, aunque hayan funcionado bien en otras épocas. Hoy y dada la magnitud del desastre ya no son suficientes.

Hay que buscar nuevas soluciones para colocar a tantas personas.

Como creemos que estas soluciones existen exponemos a continuación una posible forma de actuar.

Un poco como resumen. Estamos tan mal con una deuda que nos come, un paro incontrolable, un déficit que empeora la situación, que es preciso para salir de este profundo pozo soluciones heroicas.

CAPÍTULO 2º

El paro, nuestro principal problema. Soluciones

"Si quieres acabar con el paro ayuda a las empresas"
"Si quieres lograr mejoras sociales, reduce gastos"

Intento de solucionar el paro

Aquí empezamos a buscar soluciones, al menos a intentarlo.

Estamos en estos momentos en España en una situación gravísima

Crece el paro, que supera los 5 millones.

Crece el déficit, que hace aumentar la deuda.

Crece la "deuda" y sus intereses. Más gasto en intereses al ser mayor la deuda y aún más gasto al ser estos más caros.

Disminuyen los cotizantes a la SS

Esperanza de las empresas. Casi nulas.

Ideas de los políticos para encauzarnos. Escasas.

¿Perspectivas? Negras.

¿Soluciones? Difíciles

Proponemos una solución que creemos puede sacarnos del pozo y llegar a suprimir el paro. ¿Es ambiciosa?. Mucho. ¿Posible? Creemos que sí. Veamos:

Se precisan para ello varias condiciones o bases.

Base 1ª.- Permitir contratos de trabajo a precios muy bajos.

El fin es intentar conseguir un coste de trabajo reducido que consiga se coloquen los parados. Todos. También calcularle un % para Seguridad Social reducido, para hacer estos sueldos aún más competitivos. Creemos que este nuevo contrato puede ser el detonante para solucionar el paro. En estos NUEVOS contratos un costo por despido reducido, que no asuste a las nuevas empresas, aunque no es el principal problema. La empresa nueva no piensa demasiado en un futuro a largo plazo y por ello no le asustan lo caro de los despidos. Solo piensa en producir, en ser viable, en ganar dinero, en funcionar.

Todo ello para reducir el costo del trabajo, el principal, y con ello animar a la creación de empresas.

Esta reducción del principal coste para las empresas, los sueldos, les hará producir barato, ser competitivas, poder vender, exportar, en fin ganar dinero, incentivará la creación de muchas, muchísimas empresas. Las hará rentables y por ello apetecibles.

Es esencial que las empresas ganen dinero y para ello tienen que reducir costes. Sin esta reducción sus productos no son vendibles y menos aún exportables. El coste salarial es en muchas empresas el más importante y en todas muy importante. La reducción de este coste les hará ganar dinero y será el principal incentivo para crear y ampliar empresas.

Esta **BASE 1ª** rebajaría tanto los costes laborales de las empresas, que estas ganarían mucho dinero. Las empresas, en general, darían buenos beneficios, incluso muy buenos. Esto animará a que se creen muchas nuevas empresas, también a que amplíen las actuales aumentando de tamaño y además a que vengan nuevas empresas de fuera y por último a que no se nos vayan las que ya tenemos aquí. Cada empresa que se va a otro país es un drama, intentemos evitarlo.

Ser empresario será más apetecible que funcionario u otra profesión. Podrías ganar más y no depender de nadie. El aumento del número de empresas con la solución que proponemos sería ingente. Este número enorme de nuevas empresas que se crearían, o vendrían de fuera, absorberían totalmente a los parados, acabando con nuestro problema principal, el dichoso paro.

Las empresas con buenos beneficios, y con necesidad de exportar por el exceso de producción que tendríamos, contratarían al personal más cualificado, pagando lo que sea preciso y con ello elevando sueldos, para poder innovar, mejorar máquinas, sistemas. Exportar requiere buenos y atractivos productos y costes reducidos. Necesario, pero posible de lograr con costes bajos y a continuación al tener más beneficios, con nuevas tecnologías, diseñando, innovando, creando, investigando.

Esta Base sería para los nuevos contratos. Los trabajadores actuales podrían seguir, en principio, igual. Si luego se ve interesante variarlos, se les daría un periodo de ajuste.

Con esta base no tratamos de perjudicar a nadie actualmente colocado, solo de conseguir trabajo a los parados. Es el fin principal de nuestro estudio.

La cuantía de este sueldo muy bajo la tiene que calcular y decidir el Gobierno. Debe ser lo suficientemente baja para que anime mucho a crear empresas y a que crezcan las actuales. Cuanto más baja sea más anima a crear empresas o ampliar. Como cifras indicativas para este estudio podemos proponer 300 € y 20% para SS. Creemos es lo suficientemente baja para el fin que perseguimos y las cifras de su coste con las ayudas que proponemos a continuación las vemos posibles.

Base 2ª.- El Estado completaría sueldos.

Esencial para compensar la **BASE 1ª** y hacerla social y humanamente aceptable, darles a estos trabajadores una subvención que les complemente el sueldo, mejorando en todos los casos su actual situación, su subsidio de paro si lo tienen. Trabajando siempre cobrarán más que sin trabajar, o sea solo con el subsidio.

Clases de parados y complementos a darles por su trabajo

Si consideramos parado al que no trabaja, hay 4 grupos.

1º.- Aquellos que no quieren trabajar. Personas en que su cónyuge tiene un sueldo suficiente. Rentistas. Jubilados, aún útiles pero que se conforman con su pensión.

A estos no es preciso darles nada. Que sigan como están.

2ª.- Aquellos cuyo trabajo no aporta suficiente valor para que compense pagarles el sueldo mínimo. No son oficialmente parados y no están en las listas del paro, pero sí que les gustaría trabajar. Un ejemplo podrían ser las mujeres en los pueblos, que no tienen ninguna posibilidad de trabajo en su pueblo y ahora con nuestro sistema lo encontrarán en talleres de confección, empresas de montaje, pequeñas fábricas, etc. que con sueldos tan reducidos se crearían.

Recordemos los antiguos talleres de confección en muchos pueblos, para el Corte Inglés u otras tiendas que funcionaron muy bien hace pocos años. También se podrían hacer otros trabajos, otras industrias, por ejemplo montaje de ordenadores, televisores, etc. que ahora se montan en China, y tantas y tantas actividades solo posibles con sueldos bajos, que ahora con este sistema se podrán hacer aquí.

3ª.- Los oficialmente parados. Cerca de 6 millones.

4ª.- Los que trabajan, pero no hacen nada útil. Por ejemplo el exceso de funcionarios, la mayoría de los asesores, los que sobran en las empresas. Son nocivos para la sociedad. Caros y además complican a sus compañeros y al público, pidiendo informes, solicitando equipo, material, en esencia intentando justificar su empleo que en el fondo saben inútil. Hay que localizarlos y despedirlos. Es quizá el tema más difícil y delicado. De primeras lo dejaríamos, puede ser muy conflictivo. Aún así es totalmente necesario meternos con él, son una carga demasiado pesada para nuestros pueblos, comunidades o estado central. Es un enorme lastre para nuestra economía.

Las subvenciones o complementos, que con nuestro sistema de sueldos baratos, habrá que calcular son primordialmente para el grupo 3, o sea los parados, nuestro principal problema. Luego estudiaremos la forma de ayudar al grupo 2 con lo que conseguiremos que mejore mucha gente y una importante fuente de trabajo, de producción, que al funcionar mejorarán nuestra economía.

Veamos unas ideas que pueden servir de base para estos complementos. Habrá que diseñar un nuevo contrato con un sueldo súper mínimo (los 300 € dichos, por ejemplo) subvencionado desde luego y con el que se consiga se coloque todo el mundo, también con un pago a la SS reducido, mientras dure la subvención, para no encarecer el coste salarial. Esto no es grave para el sistema de bienestar, pues algo pagarían más estos nuevos trabajadores, lo que siempre sería un alivio para la SS, pues hoy no pagan nada o muy poco y están atendidos.

1º.- Parados sin ningún subsidio.

El sueldo logrado y un complemento, de forma que el total se acerque al salario mínimo actual. Podría a ser, a título de ejemplo, de 200 €.

Con ello tendrían trabajo, capacitación, podrían demostrar en su empresa lo que valen para futuras subidas. Lo esencial, saldrían del horrible pozo del paro y tendrían un mínimo de 500 € de sueldo, poco, pero menos es nada.

2º.- Parados con subsidio.

Durante el tiempo que tengan derecho a un subsidio sea mínimo como los 400 € actuales o el máximo de unos 1.000 € más 200 € por hijos, se les completaría el sueldo logrado hasta alcanzar el subsidio actual más alguna cantidad de prima. También vemos bien los 200 €. Así al colocarse mejoran, esto animará a buscar y aceptar cualquier trabajo. Trabajando, incluso en estos empleos baratos, obtendrían 200 € más que sin trabajar como ahora. Aparte las ventajas de sentirte útil, capacitarte, etc, quizá más importantes. El trabajador, que con estas condiciones, no quiera aceptar trabajo, es posible no se merezca el subsidio que actualmente cobra.

Con estas bases NINGUN TRABAJADOR quedaría en peor situación que hoy y todos, además de trabajar, de saberse útiles, de producir, de mejorar a la nación, ganarían más dinero que antes.

Con estos sueldos tan reducidos, siempre habrá algún empresario capaz de producir algo, de emprender algún negocio y contratará parados. El sueldo nunca será un freno para colocar a una persona. También habrá profesionales que contraten auxiliares que les ayudarán a mejorar su calidad de vida o a incrementar su trabajo, el tiempo dedicado a su profesión.

Vemos claramente que los 6 millones de parados se colocarán en poco tiempo. Logro muy importante y decisivo para mejorar el país.

Una gran parte de productos extranjeros, que importamos por buenos y baratos, podríamos fabricarlos aquí. ¿Si Corea fabrica coches casi tan buenos como los americanos, no podremos fabricar aquí pasta de afeitar, totalmente nacional? Con esto podremos suplir la mayor parte de nuestras importaciones. Incluso la mayoría de los productos que ahora traemos de extremo oriente por súper baratos, será posible hacerlos aquí, quizá con mejor calidad, desde luego con portes menores y también más a gusto del comprador, que al estar más cercano ayuda a diseñar.

Con estos sueldos subvencionados, volverían profesiones hoy abandonadas. ¿Quedan limpiabotas? ¿Castañeras? ¿Sería útil que todas las casas tengan portero o portera, como antes?

Es posible que con esta pequeña ayuda puedan volver a ser rentables estos trabajos, que no son solo de servicios. En agricultura, minería, pesca e industria hay muchos, muchísimos posibles trabajos, abandonados hoy por no poder pagar el sueldo mínimo.

Con esta medida solucionamos los casos más penosos. En poco tiempo, la demanda de nuevos trabajadores que tendríamos con la **BASE 1ª** al crearse tantas empresas, acabaría con los parados. Todos tendrían trabajo. Después vendría la competencia, y nuevas empresas intentaría llevarse trabajadores ya colocados. ¿Cómo? Subiéndoles el sueldo. Esto haría subir los sueldos, por competencia, e incluso esperamos que en algún tiempo acabará con la mayoría de estos sueldos mínimos subvencionados.

Si ya están trabajando todos los que aceptan 300 € y queremos montar otra nueva empresa tendremos que ofrecer 350 o 400 €, para lograr traernos un trabajador de otra empresa.

Comparación

Hoy el Estado gasta una cuantiosa cantidad en subsidio de paro. Más de 30.000 millones de €. Con el nuevo sistema esta cantidad se gastaría en completar sueldos. La diferencia es enorme y de aquí el éxito que esperamos de nuestro proyecto. Mejor estar trabajando con nuestro sistema que parado con el sistema actual.

Tendríamos además gran producción en las empresas al tener costes salariales bajos, que permiten fabricar cosas imposibles con costes normales. Estos productos baratos conseguirían mayor venta nacional, supresión de muchas importaciones y al final aumentar la exportación.

La capacidad de gasto de estos trabajadores será de los 30.000 millones que ya cobran de subvención más, como mínimo, lo que paguen las empresas. Supongamos 6 millones de personas a 300 € al mes, que representa un mínimo de 21.000 millones, como muchos trabajadores ganarían más de los 300 €, subiría esta cifra hasta quizá otros 30.000 €. Muy importante inyección en el consumo, con lo que esto representa.

La reducción de sueldos aumenta muchísimo la demanda de trabajadores y con nuestro sistema esta reducción es enorme.

"No subvenciones el paro, subvenciona el trabajo"

Base 3ª.- Libertad para trabajar a todas las personas.

En cualquier actividad y en cualquier situación. A tiempo completo o en horas o días sueltos. Jubilados, prejubilados, estudiantes (solo a partir de los 18 años, desde luego), horas extra en tu empresa o en otras actividades, etc. Muy importante por la cantidad total de horas extra que conseguiremos y con ello más producto, más riqueza.

Nuestro fin principal es crear multitud de puestos de trabajo, ingente cantidad de productos, riqueza al fin y esta BASE ayuda mucho. De paso con nuestro sistema suprimimos el paro, fin principal y primera fase para crear riqueza.

Base 4ª.- El Estado suprimirá todos los gastos superfluos.

También reducirá los necesarios, en todo lo posible.

Tener un Estado austero es totalmente necesario para poder pagar sus gastos, incluidos los servicios sociales como jubilación, educación, sanidad y ahora este complemento del salario.

Debe ser aún más austero para acabar con el déficit. No podemos permitirnos exista déficit. Este es la principal causa del declive de las naciones. El principal culpable de los problemas que tenemos en Europa. Conseguida esta reducción de gastos y ya sin déficit, con el superávit logrado se achicaría la "deuda" hasta acabar con ella. Proceso muy lento, al empezar, que luego se acelera, pues cuanta menos deuda tengamos más ahorro en intereses. Es también posible de acelerar, como luego veremos, por otros medios.

Una vez que el Estado estuviera saneado, sin "deuda" o escasa, podría rebajar impuestos, con beneficio para las personas, que al pagar menos impuestos gastarían más, vivirían mejor, incluso ahorrarían más, tema muy importante por la necesidad de financiación, y para las sociedades, que al ganar más intentarían crecer aumentando personal y acabarían pagando mejores sueldos, acuciados por la competencia.

Hay un tema interesante a estudiar. Si todos los que desean trabajar, lo hacen. Si todos intentan rendir, es decir trabajar mejor, pues conseguirán mayor sueldo, la producción será ingente. Que diferente de la actual, con paro, horas perdidas, poco interés por hacerlo bien, al no ser recompensado, etc.

Esta enorme producción unida a costes reducidos, nos abastecerá de todo y el sobrante se podrá exportar.

La supresión de gastos absurdos sabemos que contará con una contra a ultranza de sindicatos (al quitarles subvenciones y liberados). También de políticos de segunda, pues les quita "poder". Solo políticos de gran alteza de miras en el Partido que la proponga y políticos similares en el Partido opositor podrían sacarla adelante, aún reconociendo que es la solución tan desesperadamente buscada por todos los que de verdad quieren soluciones

El tema más importante de este estudio, con mucha diferencia, es el de los salarios subvencionados. También es el más polémico.

Es muy posible sea la mejor solución, si no la única, para salir del pozo en que nos encontramos.

Desde un punto de vista liberal, repugna la idea. Pero hay que ser pragmático y si es la mejor solución tenemos que admitirla. Ponerla en práctica. Aún más si, por desgracia, estamos tan mal que pueda ser la única.

¿A quién beneficia?

1º.- A los parados de verdad. Les da trabajo y mejor sueldo que el subsidio actual, si lo tienen. Además capacitación, posibilidad de mejorar. Les quita la desesperanza.

2º.- A los emprendedores. Atreverse a crear una empresa, si los coste laborales son bajos, es mucho más atractivo. Tiene más posibilidades de éxito. Sabes que tu producto será más barato que otros y podrás vender, competir.

3º.- A los pobres capaces de hacer algún trabajo, que son la mayoría, ahora los contratarán, saldrán de su horrible situación.

4º.- Si con esta medida se acaba el paro, como creemos, beneficia a todos los trabajadores, por la libertad que les da de cambiar de trabajo, de intentar algo nuevo. Incluso de exigir.

5º.- A España, pues cuanto más trabajo, más empresas, más productos seremos más ricos, aumentará muchísimo nuestro PIB (producto interior bruto).

6º.- A Hacienda. Tendremos muchos más contribuyentes y si además ganamos más, tendremos más beneficios, y por ello más ingresos por impuestos.

7º.- Al público, en general. Si tenemos más ingresos en Hacienda es factible rebajen algún impuesto. En vez de tener déficit llegaremos a tener superávit.

8º.- A las empresas emprendedoras. Podrán aumentar personal de forma económica y esto aumenta producción y reduce costes. Incluso manteniendo al personal antiguo en su situación actual. Ya no será preciso rebajas de sueldos o de horas o incluso de despidos. Con la mitad de trabajadores caros y la mitad baratos, el coste laboral medio se reduce.

9º.- A las mujeres en los pueblos, que hoy no tienen posibilidad de trabajar y desean hacerlo, quizá a jornada completa, quizá menos horas.

10º.- A los pueblos, que al tener muchos más ingresos sus habitantes, podrán tener más servicios. Más y mejores tiendas, campos deportivos, cines, transporte público. Esto es importante, pues al revitalizarse estos pueblos, sus trabajadores no se irán a la ciudad, lo que crea problemas importantes.

11º.- A los profesionales, que podrán tener auxiliares baratos para los temas sencillos, pudiendo dedicar el tiempo libre a trabajar más o a intentar otras cosas, hoy imposible por falta de tiempo.

A quienes puede perjudicar

1º.- A las empresas que no quieren o no pueden ampliar. Habrá otras que produzcan lo mismo, pero más barato y las pueden llevar al cierre.

2º.- A los trabajadores de estas empresas que se verán abocados al despido. Se les anticipa el despido, pues son empresas que de todas formas, en un próximo futuro, hubieran cerrado.

3º.- Si estos trabajadores despedidos son eficaces, en poco tiempo volverán a su situación actual, o mejor, en las nuevas empresas, al estar más capacitados.

4º.- Al trabajador que cobra más de lo que produce (sueldo excesivo para su productividad). Este tendrá que trabajar más, o mejor, o capacitarse, para recuperar su sueldo actual excesivo, y si no lo consigue aguantar la rebaja.

5º.- Al parado que trabaja en la economía sumergida. Podrá seguir haciéndolo, pero con más horas. Su trabajo más sus chapuzas.

¿Puede España dar este subsidio?

1º.- Se pueden usar los 30.000 o 35.000 millones que actualmente cuesta el subsidio de paro.

2º.- Si el sistema funciona tan bien que este dinero no fuera suficiente, habrá que incrementarlo, aumentando el déficit. Será por muy poco tiempo, pues al aumentar mucho los ingresos, este déficit se anulará, con el ahorro de intereses que supone.

¿Por qué España puede hacer esta política y otros no?

Hay un tema de muchísimo interés que se refiere a la riqueza de las naciones.

Esta riqueza es un conjunto de buenas tierras de cultivo, tener minerales, petróleo, posible turismo, buena situación, etc. pero veamos caso por caso

1º.- Buenas tierras de cultivo. Con 100.000 Ha buenas y una población de 10 millones, nos sobran alimentos y hasta podemos exportar. Somos ricos. Si luego tenemos 20 millones de habitantes, nuestras tierras de cultivo ya son escasas y ya, por este tema, no somos ricos. Incluso somos pobres, precisamos importar. Vemos con esto que la riqueza relativa al campo es dudosa, varía con la población. Hoy USA es muy rica en este tema. ¿Lo será cuando crezca su número de habitantes?

2º.- Minerales. Si una nación tiene cobre (por ejemplo) y lo exporta, es rica por este concepto. Pero todo se acaba y puede llegar a no tener o tenerlo escaso. Deja de ser rica.

3º.- Petróleo. Similar a cualquier mineral, se acaba con el tiempo.

4º.- Turismo. Gran fuente de ingresos. España lo tiene, aunque una crisis exterior puede hacer disminuir el número de turistas. Es una riqueza variable. Sube y baja, aunque tiene la ventaja de que no se acaba. Algunas islas del Caribe han tenido épocas magníficas y otras desastrosas, por modas, seguridad interior, etc. Caso extremo Cuba.

5º.- Buena situación. Esto ha influido mucho en épocas pretéritas. Hoy con transportes más fáciles y baratos se atenúa mucho. Los países del Mediterráneo tenían una facilidad de transporte por mar, en un principio solo costeando, de la que carecían los países del interior. De ahí las grandes culturas Egipcia, Griega, Romana.

Tratemos ahora de la **fuente de riqueza más importante**, duradera, y al alcance de todos. El trabajo acumulado es capital. Todas las infraestructuras que tenemos se deben, en su mayoría, a trabajo acumulado. Parte se han hecho con créditos que hemos devuelto o tendremos que devolver. Cuantas más y mejores infraestructuras tengamos somos más ricos. Nuestro próximo capital o sea trabajo acumulado, ya no lo precisaremos para hacerlas, ya están hechas.

España, en este sentido, es muy rica. Muy buenas carreteras, la 2ª del mundo, tras China, en trenes de alta velocidad. Exceso de viviendas, gracias a nuestra burbuja, exceso de aeropuertos y carreteras gracias a los disparates autonómicos, etc. Ya no necesitamos hacer todas estas cosas con el trabajo que acumulemos, ahora solo conservar, algo nuevo pero poco, y pagar nuestras deudas, cuantiosas, y luego ahorrar.

Que magnífica situación para dar el salto adelante. ¿Qué nos frena?. Exceso de gasto público, número ingente de parados, poco interés o facilidad para nuevas empresas. Todo ello con posible solución.

CAPÍTULO 3º

Nuestro modelo

Supongamos que hemos llegado, en economía, a una situación de equilibrio, basado en nuestro sistema de lograr empresas con beneficios que acabarían con el paro.

1º.- Las empresas ganan dinero.

Ser empresario será más interesante que otras profesiones. Habrá muchos empresarios. Ganar dinero, tener éxito es muy atractivo, muy apetecible. Todos los que valgan, incluso los de capacidad dudosa intentarán crear una empresa, tendrán esperanza de triunfar, de mejorar. Surgirán autónomos y pequeñas empresas a velocidad creciente. El éxito de unos atrae a otros. Muchos fracasarán, pero incluso estos han hecho un bien. Se han capacitado como empresarios, han aprendido de sus errores, estarán mejor preparados para su próximo intento. Habrán tenido trabajadores durante un tiempo, ayudando a colocar parados, además los habrán capacitado.

Esta multitud de empresas necesitan trabajadores. Muchos. A la larga, si todo marcha como debe, se acabará con el paro. Luego subirán los sueldos, por competencia entre las empresas para contratar trabajadores que llegarán a ser escasos.

Si todo el que desea trabajar, aunque sean pocas horas, encuentra trabajo, cada vez a más gente le apetecerá, porque ganar más significa vivir mejor, o ahorrar más.

Muchos que hoy no lo intentan, trabajarán, las horas que les apetezca, aunque sean pocas, mejorando la actividad nacional. El total de horas trabajadas crecerá enormemente. La producción aumentará a cantidades insospechadas.

2º.- ¿Cómo se equilibran los beneficios de las empresas?

¿Una empresa gana mucho dinero? ¿Quizá excesivo? Tiene fácil solución, otras se dedicaran a la misma actividad y por competencia al aumentar su producto bajará el precio, hasta equilibrar beneficios con el resto de empresas. Esto beneficia al consumidor, al reducirse el precio del servicio o producto caro. Esencial no existan monopolios o situaciones de privilegio, que impedirían esta competencia y es misión importante del Estado, impedirlo.

3º.- ¿Cómo se equilibran los sueldos?

¿Un tipo de trabajo tiene sueldos altos, quizá excesivos para su capacitación? Otras personas intentarán prepararse para este trabajo y por competencia, se normalizará el sueldo. Si es tan bueno, tan alto, muchos se prepararán para este empleo, será muy apetecible. Un ejemplo podrían ser los controladores aéreos. Esencial no poner trabas a estos nuevos aspirantes al empleo. Este es un tema político enormemente interesante, pues los gremios actuales se defenderán de la posible competencia poniendo trabas y dificultades a los posibles nuevos candidatos y el Estado debe evitar que las consigan poner.

Que un gremio intente sean pocos para ganar más es lo natural y lo que pasa. Que el Estado permita las limitaciones es lo absurdo. Lo nocivo. La competencia, que hace que los sueldos estén acordes con preparación y capacidad es la única forma para defendernos de este exceso, injusto con los demás trabajadores y que además perjudica al usuario al encarecer el servicio.

Un tema importante es el sueldo de los funcionarios. Estos tienen la ventaja de un trabajo seguro y, en general, más relajado. Su sueldo debe ser algo menor que el de personas de igual capacidad que trabajen en empresas. Si es igual o mayor, los mejores se harán funcionarios, pudiendo ser más útiles a la Nación en otros trabajos. Que la burocracia se lleve a los mejores es muy malo para la Nación. Que realicen bien su cometido, correcto y necesario, pero no personas para las que esta función se les queda corta, que pueden rendir mucho más en temas más difíciles.

Una excepción serían los profesores. La vocación de muchas personas les hace dedicarse a esto, aun ganando menos de lo que podrían en otra ocupación. Aquí si debemos tener sueldos superiores, para no perder a ninguno de los vocacionales, por justicia con ellos y para intentar atraer a los dudosos pero que podrían ser buenos docentes, para un tema tan trascendental.

4º.- Papel del Estado.

¿Cómo puede el Estado reducir costes a las empresas?

Lo primero aceptando nuestra **BASE 1 d**e sueldos bajos. Quizá la más importante, aunque sea la más difícil de digerir para muchos políticos. De comprender su utilidad y necesidad.

Después dar facilidades en todas las gestiones o papeleos precisos, simplificar trámites, y a continuación aminorar impuestos cuando sea posible.

Reducir el IVA beneficia directamente al consumidor, pero un trabajador aceptaría un sueldo menor si sus compras son más baratas, y ello beneficia a la empresa al poder contratar por menos dinero a este trabajador. Aquí vemos que esta reducción también acaba beneficiando a las empresas. Como el Estado tiene además otras funciones, necesita impuestos. Lógico. Pero cuanto menos gaste en sus funciones propias y aún más en temas superfluos, más tendrá para sus gastos necesarios.

Una vez suprimidos los gastos superfluos, primera meta a conseguir y reducido los necesarios, el Estado podrá ayudar a las empresas, reduciéndoles costes y a las personas reduciéndoles impuestos.

Comprendido que el tema de la competencia equilibra los sueldos por un lado y los beneficios de las empresas por otro, vemos que ello representa costes menores a productos y servicios en beneficio del consumidor, que somos todos. Estas reducciones de costes debidas a la competencia y en mucha mayor medida la supresión o reducción de gastos por el Estado, harán que las Empresas ganen dinero y contraten parados. En resumen este es nuestro fin, Estado austero, menos impuestos, mayores beneficios para las personas por la reducción de impuestos, mayores beneficios para las empresas y con ello más facilidad para contratar nuevos trabajadores.

Ventajas de nuestro sistema frente al exterior

Para poder exportar, competir, es preciso tener ventajas relativas sobre nuestros competidores y con nuestro sistema de sueldos subvencionados, las tendremos

1º.- Frente a países emergentes:

Sueldos bajos, puede que en casos no tan bajos como ellos, pero si parecidos, y personas mejor preparadas, con más cultura, más estudios y además la cercanía a los mercados lo que da mayor facilidad para introducir los cambios que el mercado exige, también por ser nuestras costumbres, nuestra forma de vida más similares.

2º.- Frente a Europa

Sueldos muy inferiores con trabajadores de cultura similar e incluso intentaremos sea superior, como ya veremos. Esta importantísima reducción de costes, nos dará una gran ventaja competitiva. Debemos empezar a aprovechar esta ventaja, de primeras, con productos de mucha mano de obra, en estos seremos aún más competitivos. Además colocaremos a mas parados hasta acabar con el paro. Después podremos competir también en los demás productos, aunque en estos tener mano de obra barata no es tan importante, pero siempre es bueno.

3º.- Frente a USA

Similar a Europa, pero aún más importante, pues sus sueldos son aún mayores y con ello nuestra diferencia para competir mayor.

4º.- Nuevas tecnologías

Aquí debemos ser modestos y no intentar adelantar a países muy desarrollados. No gastemos en tema espacial, caro y de poco provecho a corto o medio plazo. Tampoco en estudios de energía atómica y menos en la de fisión. Los estudios de demasiado nivel, como estos y otros más, los dejaremos para el futuro. Copiemos lo que hagan, no somos un país tan importante, seamos humildes, el ahorro al no meternos en estos temas tan costosos puede ser enorme. Si alguna empresa privada decide hacer estudios especiales, que los haga, allá ella, pero nada de subvenciones.

Con esto podemos ahorrar mucho dinero al Estado y poder dedicarlo a investigaciones o estudios más sencillos, más de uso rápido o cotidiano.

La realidad es que esta subvención a los trabajadores es un poco como el dumping y a la larga lo prohibirán o lo copiarán, pero hasta que esto llegue aprovechemosló.

Nuestro breve resumen. La situación que crearemos nos beneficiará a todos. ¿Por qué dudar?

CAPÍTULO 4º

Beneficios que tendremos. Veamos como afectan, estas medidas de sueldos bajos, a las personas

a.- Parados sin ningún subsidio. Ahora tendrán trabajo y una ayuda del Estado extra, a cuantificar, que podría ser la de 200 €, que dijimos. Aunque sea muy poco, 500 €/mes, al menos se sentirán útiles y ganarán dinero, podrán vivir.

b.- Parados con 400 €. Trabajo y la ayuda extra del Estado lo que totaliza 600 €. 200 € mejor que ahora.

c.- Parados con mayor subsidio, incluso el máximo de unos 1.000 a 1.200 €. Trabajo y un extra que completa el subsidio actual más 200 €. También 200 € más de lo actual.

d.- Sueldos bajos, pero superiores al salario mínimo. No les afecta de primeras, luego por competencia y preparación o capacitación es fácil suban de sueldo. Al mejorar sus empresas, y contratar nuevos trabajadores, es muy posible que a los antiguos, en especial los mejores, los suban de categoría y con ello de sueldo.

e.-   Sueldos medios o altos. Les beneficiará. Su empresa puede contratar obreros baratos y ampliar sus secciones, dándoles más responsabilidad y con ello mejor sueldo, similar al grupo anterior.

f.-   Parados que trabajan por B. Les perjudica, aunque pueden conseguir un trabajo y seguir con sus chapuzas en horas extra.

g -   Trabajadores de más de 40/45 años. En un futuro les puede perjudicar si no se reciclan, se capacitan, se preparan para poder cambiar de trabajo, en el caso de que sobraran en sus empresas actuales. Les fuerza o anima a no abandonarse, a estar al día, a prepararse, a reciclarse. En general es bueno para ellos, los motiva.

h.-   Empresas. Gran mejora. Pueden ganar dinero, incluso mucho dinero. Les permite acometer producciones imposibles con sueldos mayores. Ampliar mucho en lo suyo e intentar otras actividades. Producir barato es esencial para exportar, y con estos nuevos trabajadores de sueldos bajos será posible, incluso fácil.

i.-   Profesionales. Son potencialmente una gran fuente para crear nuevos empleos. El médico que con un auxiliar barato puede dedicar más tiempo a ver enfermos. La ejecutiva que puede delegar los temas sencillos y ocuparse de los importantes. Tantos y tantos más se verían beneficiados contratando por poco dinero a estos parados que colocarían a una gran cantidad. Algunos de estos parados, incluso con preparación y experiencia de empleos anteriores. Si están muy capacitados los contratarán por mayor sueldo.

j.-   Estado.- Un gasto inicial en ayudas para completar sueldos, que quizá en un principio puede ser igual o incluso menor al gasto en paro actual. Cuando el Presupuesto sea holgado se debería aumentar este gasto, darles mayor subvención. Poder llegar a los 200 € que aconsejamos, si al principio esto no fuera posible y fuera preciso empezar con menos.

En poco tiempo gran incremento de ingresos, al aumentar los impuestos por trabajar todo el mundo, consumir mucho más y ahorrar, mayores beneficios en las empresas y sus accionistas. Beneficios en divisas con la exportación. Llegaremos a que nos deban en vez de deber. Todo ello debido al gran aumento en la producción y ventas.

Cuando todo marche bien y al Estado le sobre dinero, puede forzar aumentando el subsidio de los 200 € e incluso disminuyendo el sueldo mínimo, estos 300 € pero compensado con mayor subsidio, de forma que total a cobrar por el trabajador aumente.

k.-   Sindicatos. Se pondrán muy en contra, aunque todo esto beneficie a los trabajadores. Les quita subsidios, liberados, poder.

i.-   Politicastros. Lo tomarán muy a mal. Les quita poder. Ya no podrán meterse en gastos absurdos ni favorecer a los amigos.

j.-   Políticos. Me refiero a los buenos políticos, hoy mayoría y que debieran serlo todos. Les parecerá estupendo, comprenderán que por fin la Nación mejora. El Pueblo los admirará, en vez de despreciarlos y hasta en casos odiarlos.

Que necesitamos muchas empresas y que estas ganen dinero es obvio. Son las que crean empleo.

Que con la **1ª BASE** (sueldos reducidos) se puede conseguir es seguro.

España es una nación con recursos suficientes para dar un complemento a los salarios bajos, es decir poder aplicar la **2ª BASE.** Nuevo gasto, esta subvención, importante para el "estado de bienestar" que lo hace más completo. Hasta es posible que la aplicación de la "dependencia" fuera con estos sueldos baratos, posible. Hoy es una carga imposible de llevar a cabo. Todas estas mejoras solo serán posibles con un Estado austero, pues es esencial no caer en el déficit.

Otras naciones no pueden dar este complemento, esta ayuda y no existe un salario mínimo. Que ganas 100 y es muy poco, te tienes que ceñir a ello. Esto es normal en países subdesarrollados. Los pobres no pueden. Nosotros sí. ¿A que esperamos?

Aquí tenemos un axioma de la economía. Si el salario mínimo es de 1.000 todos los trabajos que no pueden pagar esta cifra, desaparecen, y con ellos van al paro todos los trabajadores que los hacían, y pueden ser muy numerosos, y afectar a muchísimos productos. Con la **1ª BASE** son posibles todos los trabajos. Incluso productos que traemos de extremo Oriente se podrán fabricar aquí. También trabajos industriales, agrícolas, forestales, mineros o de pesca, abandonados por los sueldos actuales.

Las ventajas de este sistema es que las empresas contratarán a todos, al precio que puedan, aunque sea muy bajo. Incluso los contratos de 300 € para contratos de aprendizaje o selección. ¿Te colocarías con sueldo de 300 € en El Corte Inglés, sabiendo que si funcionas bien te contratarán de forma definitiva?. ¿Quizá de ayudante de un técnico famoso que te enseñará cosas imposibles de aprender en otro lado? ¿Incluso de aprendiz de un carpintero, si te enseña bien el oficio?

Con el complemento del Estado nadie cobraría nunca menos de los 500 €. Cosa que no pasa hoy, ya que al cabo de un tiempo dejas de percibir estos últimos 400 € actuales del paro.

Todos los trabajos que hoy no se pueden hacer con sueldos menores de los 640 € del salario mínimo, se harán y son muchísimos, esto colocará a multitud de gente. Cobrarán poco, pero trabajarán, saldrán del pozo del paro, mucho peor en todos los sentidos.

Otra posible subvención a estudiar podría ser, en vez de los 200 € fijos, a estos trabajos de sueldo bajo darles una cantidad variable en función de lo que ganan y el salario mínimo. Por ejemplo los 2/3 de la diferencia. Con esta variante, al mejorar la economía de la Nación, se podría subir el salario mínimo que ya no perjudica a las empresas, pues no les afecta con nuestro sistema, y si beneficia a los trabajadores. Les sube el complemento. Esto sí es un AUTENTICO BENEFICIO SOCIAL. Recordemos lo esencial de un Estado austero, para, en su momento, poder hacer estas mejoras sociales.

Sueldo mínimo y escala de sueldos

Volvamos sobre este tema. Es tan importante que merece lo estudiemos de nuevo.

Habrá habido situaciones en que con el sueldo mínimo de los 640 € actuales, no hubiera paro. No había trabajadores suficientes para cubrir todos los trabajos posibles con este sueldo mínimo y por ello todos se colocaban.

Habrá otras ocasiones, y esto es lo malo, que multitud de productos o servicios no se puedan hacer con este sueldo, y por ello no se hacen, quedándose sin trabajo y yendo al paro muchos trabajadores. Caso actual, en que se junta una mala situación económica, una mala gestión del gobierno y problemas bancarios.

Que con déficit y deuda externa importante se hiciera el Plan E, es de locos. Bendito Keynes y el mal que ha hecho. La solución keynesiana de gastar, simplemente gastar, para aumentar la demanda pudo ser buena en algún momento. Con déficit y deuda importante es simplemente un disparate. Aumenta un poco la demanda y enormemente la deuda con el costo brutal de los intereses. En situación muy boyante y de forma puntual puede ser útil, pero solo en esos casos y no siempre. Puedes gastar más de lo que ingresas, en un momento dado, pero para ello debes tener reservas, pues si no las tienes difícilmente podrás devolver mañana el gasto de hoy. Si en algunas épocas tienes superávit, te podrás permitir el lujo de tener déficit en otras. Déficit continuo es una majadería imposible que funcione.

SITUACION ACTUAL: No solo en España, en todo el mundo, los países emergentes se van llevando la producción que antes hacíamos nosotros. Teníamos una importante industria siderúrgica, principalmente en el País Vasco. ¿Qué queda?

Una gran industria textil, principalmente en Cataluña. ¿Dónde se fue?

Una importante industria naviera, creo que la 3ª del Mundo. ¿Qué pasó con ella?

USA era, con mucho la principal productora de automóviles. Luego de informática. Los países emergentes, acuciados por la necesidad, todo lo copian, mejoran y trasladan. ¿Cómo defendernos? A base de muchísimo ingenio se han podido sustituir algunas de estas industrias con otras de mayor tecnología. ¿Será posible seguir este camino? Ellos también inventan, mejoran, estudian y compiten. Si ellos tienen sueldos bajos nos llevan una ventaja enorme, insalvable. Quizá el tener más capital, es decir mejor infraestructura, sea nuestra ventaja. Con este hándicap a nuestro favor y con el contrato de sueldos subvencionados que proponemos es muy posible podamos competir y lo más importante supervivir. Seguir con un nivel de vida, quizá un poco más reducido que el actual, pero bueno, digno y desde luego sin paro que es el problema principal. Muy importante también que pueda ser duradero.

Equilibrio.

Es claro que una rebaja en el salario mínimo, favorece mucho el número de trabajos posibles, pero es lógicamente muy impopular.

Una subida de dicho salario, muy agradable de anunciar y con grandes beneficios políticos al partido que la propone, quita mucho empleo, solo se puede hacer en épocas muy buenas y desde luego sin paro, lo curioso es que en esas épocas no es preciso elevar el salario mínimo, sube solo.

Fijar un salario mínimo en una cantidad es muy peligroso. Si es alto puede dejar en la calle a multitud de trabajadores y si es bajo no sirve de nada, pues todos los trabajadores lo superan.

Beneficios del trabajador al no haber paro

Son muchos y muy interesantes y de los más apetecibles el saber que si te vas de tu empresa encontrarás con facilidad un trabajo similar. La enorme libertad que esto te da es uno de los mayores beneficios que te pueden ofrecer. Ahora serás realmente libre.

El sistema actual de despidos caros, te da bastante seguridad de que no te despidan, pero te ata a tu empresa, te encadena. Con el nuevo sistema pierdes la casi seguridad de empleo, pero te libera y al no haber paro te permite muchas ventajas.

1º.- Ya vimos que habrá subidas de sueldos, por la demanda de trabajadores al ser escasos. Quizá en un principio solo para los sueldos más bajos.

2º.- Si trabajo lejos de mi casa, me cambio a otro trabajo más cercano y mejoro en transporte y comodidad.

3º.- Si mi mujer encuentra mejor trabajo en otra ciudad, me voy con ella, se que encontraré un trabajo similar al actual.

4º.- Tengo que aguantar a un jefe desagradable, me voy a otra empresa, si no me cambian de puesto en la mía.

5º.- Me enfado con mis compañeros y la situación se pone molesta, cambio de empresa.

6º.- Se me ocurre una idea para montar un negocio. Me voy y lo intento. Si no me va bien, al dejarlo sé que encontraré un trabajo similar al que tenía. No temo la aventura. Al intentarlo no corro riesgos importantes. Si me va mal, seguiré como estoy y si me va bien un éxito.

7º.- Quiero especializarme en algo y estar con ello un año o más sin trabajar. Dejo el trabajo y al terminar mis cursos encontraré un trabajo mejor al estar más capacitado. Ganaré más, seré más útil y me sentiré mas realizado.

8º.- Los Sindicatos, al quedar liberados de convenios, despidos, sueldos, etc. podrán dedicarse a temas más útiles, como formar y aconsejar a los trabajadores, ayudar con sus técnicos a pequeñas empresas para que resuelvan sus problemas y no tengan que cerrar y despedir, etc. Labores más propias del siglo XXI.

Resumiendo: Tengo libertad de elegir, de hacer lo que me apetece.

Para mejor comprender alguno de estos puntos veamos casos de limitaciones que en su momento habrá que suprimir.

Estado de bienestar. Equilibrio.

Cuantos más años coticemos a la Seguridad Social podremos dar más o mejores prestaciones. También cuanto más paguemos cada uno. Lo malo es que también viviremos peor mientras trabajamos, al detraer mayor cantidad del sueldo. El aumento de los años que vivimos hace que cada vez haya más jubilados y esto perjudica su subsidio o lo encarece. Debemos buscar un equilibrio. Creemos que con 40 años de trabajo y cotización sea suficiente. Si conseguimos ahorrar en las prestaciones o en la gestión, habrá que pagar menos lo que nos beneficia. Es muy importante una buena gestión en el "estado de bienestar" y no pasarnos en prestaciones para ser los mejores del mundo. Contentémonos con ser buenos. Gestionemos mejor, ahorrando todo lo posible. Suprimamos especialidades no demasiado precisas. ¿Cambio de sexo?

1º.- Jubilación.

A los 65 años te jubilas, te corresponde una pensión, pero no te dejan trabajar, por el riesgo de perder esta pensión. Absurdo. ¿Por qué no trabajar quien lo desee?. ¿A quién perjudica?. Si empiezas a trabajar a los 25 años, a los 65 tienes derecho a tu pensión, te la has ganado. Son 40 años de cotizar. Si trabajas, aparte del sueldo que consigas, tendrás tu jubilación y tu o tu empresa os ahorrareis el pago de tu Seguridad Social. Ya cumpliste tus pagos en tus 40 años de vida activa. Este ahorro te hará más fácil conseguir las horas de trabajo que desees. Cobrando lo mismo eres más barato y tu experiencia es similar al día anterior.

Ahora si podemos llamar con propiedad "Jubilación" que viene de júbilo, alegría. Te beneficia en todo. Ganarás más dinero, podrás trabajar menos horas si quieres, todo bueno. Estarás deseando llegue. Tu producción te beneficia a ti en primer lugar, pero luego beneficia mucho al Estado. Mayor producto, más ahorro, más gasto.

Si la economía va muy boyante, y esto es pensando en un futuro que hoy día vemos lejano, es posible se pueda algún día rebajar la edad de jubilación. Es posible y deseable que con 35 años en vez de 40 sea sostenible la Seguridad Social, quizá con alguna ayuda estatal. Posible solo si de verdad el Estado reduce gastos. Esto sí es una mejora social. Otra razón para tener un Estado austero, que podrá en su momento hacer esta mejora.

Que magnífico será jubilarte a los 60 años y poder seguir trabajando, ganando más para vivir mejor o ahorrando para tus hijos. Que satisfacción.

Esto, que sería muy apetecible, lo vemos muy difícil mientras tengamos la competencia de países pobres. Es posible no se consiga mientras haya pobreza en el Mundo. Puede ir para largo.

2º.- Salario mínimo

Ya vimos que con nuestro sistema afecta poco a las empresas, afecta al Estado. Cuando todos los posibles trabajadores tengan trabajo y las empresas quieran crecer más, tendrán que quitárselos a otra empresa, pagarán sueldos más altos para conseguirlos. Primero irán a por los trabajadores mejores, luego por los normales y al final, si no encuentran otra cosa por los peores o menos formados. Todos acabarán colocados y después y ya sin paro, los sueldos subirán por competencia. Es muy posible, que después de algún tiempo, el coste del subsidio complementario a pagar por el Estado sea insignificante, por no necesitarlo ya casi nadie, al cobrar casi todos más cantidad que el salario mínimo. Entonces será el momento de subir este salario, importante y REAL MEJORA SOCIAL.

3º.- Trabajo juvenil

Tenemos aquí una injusticia a suprimir. Si haces carrera corta, o preparación laboral y empiezas a trabajar a los 20 años, ahora cotizas 45 años. Otros sólo 40 años, los que empiezan a trabajar con 25 años. No es justo, puesto que las ventajas que te da el estado del bienestar son las mismas.

Si eres vago o prefieres carrera larga, empiezas a trabajar a los 25 o más años ya solo cotizas 40 años, o incluso menos. Las prestaciones serán iguales. ¿Es justo?

Igualar los años a cotizar para todos beneficia al trabajo juvenil.

Si pagando seguridad social 40 años, has cumplido con tu parte, si empiezas a trabajar antes de los 25 años, no pagas (tu, o tu empresa, que es lo mismo) este gasto. Esto te facilita encontrar tu primer trabajo, generalmente el más difícil. Eres más barato con igual sueldo. Si haces carrera larga o sea importante, no te ayudará esto. Ya te compensará tu mejor preparación, para eso la haces. Y si no te compensa, no te esfuerces en una carrera que tu país no precisa.

También este sistema animará a los jóvenes a no perder el tiempo repitiendo cursos. Cuantos más años consigas trabajar sin cotizar por seguridad social, más puedes ahorrar y más facilidad tienes para colocarte.

Quién sabe si algún día se pueda empezar a cotizar a los 27 años, con la ventaja para este primer empleo que ello representa, y jubilarte a los 67 años. Siguen siendo 40 años de cotizar y beneficia mucho a los jóvenes. Quizá compense esta modificación por el beneficio que supone a los jóvenes para lograr su primer trabajo.

Si cada vez vivimos más años y en mejores condiciones puede no ser grave este retraso en la edad de jubilación. No sería un gran quebranto, y el ahorro para la SS puede ser enorme. En estos 2 años, de 65 a 67 es el periodo en que muere menos gente jubilada.

Veamos nuestro resumen. Aquí proponemos unas ideas que pueden ser muy beneficiosas. Es preciso, por ello estudiarlas a fondo.

CAPÍTULO 5º

Gasto superfluo

Ya vamos comprendiendo que los principales problemas a resolver son el enorme gasto público y los frenos, trabas o dificultades a la libre empresa, es decir más libertad.

En cuanto al gasto, el abuso nos obliga a un déficit grande, a una "deuda" creciente y lo peor a un paro desastroso.

Por ello necesitamos reducir enormemente este gasto público.

Hay muchísimos gastos que todos conocemos se deben suprimir, por ello no es preciso hablar de ellos. Exceso de personal, asesores, duplicidades, funciones absurdas, automóviles, lujos, etc.

Aminorar gastos, esencial como hemos visto, requiere quitar ingresos y prebendas a muchas personas. Reducir sueldos, incluso despedir a los sobrantes. Reducir obras no muy necesarias, que también reducen personal.

Veamos alguna idea nueva de gastos a suprimir o reducir.

Para que el pueblo comprenda es necesaria esta reducción, debemos empezar dando ejemplo, incluso aunque sean gastos de poca cuantía relativa.

Casa Real

Reducir su presupuesto, un 10%, o quizá más. El Rey es el primero en dar ejemplo.

Senado

Hay serias dudas de que sea útil. Lo primero a hacer es no constituirlo al empezar la Legislatura y si ya lo está, dejarlo en suspenso hasta que se estudie la forma de suprimirlo o encontrarle utilidad. Que los actuales senadores sigan con sus ocupaciones anteriores, como es lógico sin sueldo por senador. Esto durará un año o más, hasta pactar se suprima, al menos provisionalmente. Se volverá a organizar cuando se vea su utilidad. Se ahorra más del 90% de este gasto. Ya es cifra de interés, quizá 3.000 millones.

Cortes

Los 350 diputados elegidos, tienen 350 votos, podemos reducir los diputados para ahorrar con el siguiente criterio.

Partidos con menos de 20 diputados, que elijan a 1/3 para ejercer y cobrar.

De más de 20 diputados que elijan a 1/4. Esto reduce sueldos y futuras pensiones o jubilaciones, sin perjudicar la gestión, o acaso muy poco.

Por ejemplo un partido con 2 electos, llevará solo uno al Congreso, aunque mantendrá sus 2 votos. Uno de 17 electos llevará 6 al Congreso, aunque siga con sus 17 votos.

Con esto se reducen las Cortes a unos 100 diputados aunque se mantengan los 350 votos. Representa un ahorro importante sin afectar a su función. Con la actual y absurda "disciplina de voto" esta reducción no afecta en nada las votaciones. Saldrán los mismos resultados.

Automóviles

El lujo actual es obsceno. Los necesarios, pocos, que sean de marcas nacionales, y de gama según categoría del usuario.

Vemos posible y deseable suprimir un 80% de los actuales, dado el escándalo actual. Quizá incluso más. En la Administración Central tenemos 1.100 choches oficiales y en USA solo 412. En toda España 30.000 coches oficiales. ¿Desprestigia ir al trabajo en coche propio o en transporte público?

Lujos

Despachos suntuosos, edificios palaciegos, embajadas catalanas, etc. Suprimir lo posible. No permitir superar ciertas cifras sin un permiso de Economía. La actual "barra libre" ha funcionado fatal y luego vemos Comunidades reduciendo en sanidad, en educación o subiendo desmesuradamente el IBI. ¿Lógicos los 300.000 teléfonos móviles oficiales?

ONG

Su nombre ya lo dice, "no gubernamentales". Suprimir todas las ayudas o subvenciones. En muchas de ellas se usaba este dinero para sus sueldos y muy poco para algún buen fin. Si son ONG de verdad que se busquen ellas sus ingresos, y si no los consiguen, que cierren.

Sindicatos

Tema difícil por necesitar el apoyo de la oposición. Lo primero, ya que queremos ayudar a las empresas, es eliminar los "liberados". Son un coste para las empresas, trabajadores que no trabajan, pero cobran. Si algún sindicato para su buen funcionamiento necesita personal, que lo contrate o los afiliados lo hagan en sus horas libres.

A continuación y también pactado con la oposición, para atenuar conflictos y movilizaciones, quitarles las subvenciones. El dinero que necesiten que lo aporten los afiliados, si estos consideran útil lo que estos sindicatos hacen.

Los cursos de formación que hacen entre ellos y la patronal, con un coste de 6.000 millones que se impartan en nuestros colegios o universidades. Incluso rehacer, si no se conservan, aquellas "Universidades Laborales" de Girón. Es muy poco propio que estos cursos los impartan los sindicatos. Falta de preparación y muy posible favoritismo con los más afines, aparte del dinero que se escurra a otros fines.

Partidos políticos

Anular, si es posible, o reducir mucho las subvenciones. Que paguen sus afiliados y como es difícil recaudar lo que actualmente gastan, que reduzcan sus gastos. ¿Es útil un mitin? ¿Sirven de algo los carteles electorales? Con las TV y sus debates damos mejor información y sobretodo suficiente.

Cine y Teatro

Si se suprimen las subvenciones, se harán las películas que gusten al público, y si no son capaces nuestros directores que no hagan. Si no hay afición al teatro, que cierren. Habrá películas y teatros, seguramente menos, pero más reales. Tienen que idear y competir para lograr público, no para conseguir la subvención. ¿Qué ventajas tenemos con que se haga una película que no verá casi nadie, por no interesar? ¿o subvencionar un teatro para unos pocos entendidos o aficionados?

TV Públicas

Venderlas, suprimir este gasto, y si nadie las quiere cerrarlas. No son públicas, son del que gobierna para su propaganda y adoctrinamiento.

¿Es un bien público cambiar Tele-Barreda por Tele-Cospedal?. El exceso de gasto absurdo en este tema es enorme. Hasta pueblos pequeños tienen su televisión, que a nadie interesa pues solo salen el alcalde y sus fiestas, aparte de películas antiguas y quizá algún anuncio.

Funciones absurdas

Como embajadas catalanas, exceso de tribunales de la competencia, duplicidad de funciones.

Exceso de funcionarios en temas necesarios.

Si 3 hacen el trabajo de 2, uno sobra. Es un coste a suprimir. Por como, en poco tiempo, ha crecido el número de funcionarios, es posible se pueda reducir un millón de ellos, quizá dos, quizá más. Qué ahorro tan sensacional. Que gasto innecesario tenemos en este tema tan trascendental.

Al empezar la democracia había unos 600.000 a 800.000 funcionarios, hoy más de 3 millones. ¿Cuántos sobran?

Otros temas

Hay otros ahorros importantes, que eran necesarios y que ahora al ser un país más pobre debemos reducir.

Ejercito

Su material, barcos, tanques, aviones es muy caro. Aún más si queremos estar al día. El número de soldados y oficiales también se puede reducir. No tenemos peligros graves y no somos una Nación importante. Además ahora es preciso ahorrar. Si más adelante volvemos a ser importantes o fuera preciso por otras causas ya lo agrandaríamos. Hoy sobra. Las misiones en el extranjero debemos suprimirlas, hoy no podemos hacerlas pues son caras, debemos negarnos a efectuarlas, al menos en momentos tan malos como el actual. Además nunca sabes si ayudas al bueno o al malo. Nos lo exigirán, pero ahora tenemos un buen pretexto para negarnos y es la crisis. Lo comprenderán.

Embajadas

Diplomáticos, personal de embajadas y edificios lujosos. Muy bonito tener tantos como si fuéramos una gran potencia y con lujosos edificios y buenos sueldos, reminiscencias de épocas antiguas mejores. Se dice que Alemania o Inglaterra gastan menos en esto que nosotros (corroborado por amigos diplomáticos). Sea verdad o mentira nuestro gasto es mayor del que deberíamos tener, al ser un país mediano. Vendamos edificios lujosos, reduzcamos embajadas, personal, sueldos.

Cupo Vasco y Fuero Navarro.

¿Por qué pagan menos? Es un agravio comparativo, y reduce ingresos al Estado. Es curioso que los catalanes hablen mucho de él y en las demás regiones, en general más pobres, no se menciona. Recuerdan al trabajo sumergido, tan perseguido. Este da trabajo a muchas personas, y su única diferencia es que paga menos impuestos (agravio comparativo también). Pagar pagan, el IVA de todo lo que compran con el dinero ganado.

Se tuvo que aceptar para lograr un consenso en la Constitución, pero discrimina y en su momento se debe acabar con él. También con otros privilegios, como los derivados de algunos estatutos. Todos los españoles debemos ser iguales.

Cuando consigamos esta gran reducción de gastos y ya sin déficit, amortizaremos "deuda" hasta acabar con ella (también puede ayudarnos la venta de empresas o bienes públicos para acelerar la reducción de deuda), de esta forma podremos hacer la política económica que preconizamos, haciendo que las empresas ganen dinero y con ello coloquen a los parados, nuestro fin primordial, y además aumenten muchísimo la producción.

Es tanto lo malo acumulado, el gasto superfluo creado tan gigantesco y difícil de suprimir, que parece un milagro lo bien que llegamos a vivir en la época de Aznar y principio de Zapatero. Milagro llamo, porque muchísimas de nuestras lacras ya existían y aún así nuestra capacidad de trabajo, de superarnos, hizo posible aquello. Tenemos un pueblo sensacional, preparado y capaz de conseguir lo que queramos. Lo malo es que la situación actual es tan mala que para empezar necesitamos medidas de choque brutales. Con medias tintas no podremos salir del bache.

Hay tres puntos básicos para encontrar la solución, para reducir el gasto, achicar o anular la "deuda" y conseguir suprimir el paro.

1ª fase.- Suprimir TODOS los gastos superfluos y reducir los normales. Así podremos evitar el déficit.

2ª fase.- Conseguido haya superávit, dedicarlo a reducir "deuda". Será muy lento, al menos al principio. Para acelerar esta fase de reducir "deuda" podemos privatizar algunas cosas. Mucha precaución en privatizar. Es una escopeta de un solo tiro. Si se usa para reducir "deuda" muy bien. Si se usa para enjugar gasto, sería desastroso. Perdemos unos bienes, unas posibilidades de ingresos, y no mejoramos nada. Mucho peor aún si privatizamos dándoles estos bienes a amigos o paniaguados a un precio bajo. Tenemos numerosos casos y esto sí que es una estafa tremenda. Debemos privatizar con mucha precaución. Primero, lentamente. No podemos lanzar al mercado una gran cantidad de bienes. La falta de dinero los deprecia. Segundo con trasparencia total. Lo mejor con subastas, si es posibles de tamaño reducido, para poder tener más interesados y tercero permitiendo puedan comprar los extranjeros.

3ª fase.- Aplicar nuestras recomendaciones para que las empresas empiecen a ganar dinero, y den trabajo a los parados. Esencial las medidas precisas para este fin. Todas las reducciones de gastos de que hablamos producen nuevos parados, y hay que colocarlos. De nada o de muy poco servirá anular el déficit y la deuda si no colocamos a los actuales parados y a los que se incorporarán con las reducciones de gastos necesarias. Además el gasto creciente en subsidios a los parados, dificultará mucho la reducción del déficit.

Necesitamos aplicar los tres puntos. Uno solo ayuda pero no soluciona. Quizá el de colocar parados sea el más urgente o el más necesario.

Punto 1º quitar gasto superfluo

Hay muchos como vemos, unos fáciles de quitar, otros difíciles y otros muy difíciles. Ya vimos que cualquier gasto o derroche que suprimamos redunda en subida de sueldos. Cuando dudemos de quitar algún coste a la empresa, o reducir un gasto que a la larga es similar, por otros intereses, valoremos el dilema: mantengo el coste por los beneficios políticos que consigo y reduzco sueldos o prescindo de dichos beneficios, lo suprimo y ayudo a mantener sueldos o incluso a incrementarlos.

Hay miles de empresas en el borde de caer o salir. Un nuevo coste puede destruir miles de ellas, aunque este coste sea pequeño. Igualmente un nuevo ahorro puede salvar a miles de ellas.

Pensemos que para exportar es preciso reducir costes. Que si no reducimos todos los posibles, tendremos que rebajar sueldos y esta es la solución peor, la que más daño hace.

Otra forma barata de ayudar a las empresas a los empresarios, y más aún a los novatos, a los que más necesitamos, a los nuevos, a los emprendedores, es reducir y simplificar trámites. Después de Grecia somos el país europeo más complicado para crear una empresa. Exigencias de papeleo complicado, exigencia de demasiados permisos para crear empresas o ampliarlas y dificultad para conseguirlos, tema caro pues precisa personal externo y no barato. Es esencial simplificar, ayudar.

Punto 2º.- Ayuntamientos.

Prohibición de nuevas inversiones, aunque parezcan urgentes y necesarias hasta que tengan dinero y sobre todo hayan pagado todas sus deudas. Para ello tendrán que:

1º.- Suprimir personal y ajustar sueldos. Estas personas con nuestro sistema ya no irán al paro, irán a otras empresas, donde serán mucho más útiles. Mejor dicho serán útiles ya que hoy sobran.

2º.- Con el ahorro conseguido pagarán las deudas.

3º.- los empresarios que por culpa de no cobrar a tiempo se están hundiendo, con despido de trabajadores, en cuanto cobren lo que les deben podrán subsistir, rehacerse y crecer. Estos parados que hoy se están creando por no poder cobrar sus empresas estas deudas, dejaran de fluir y más importante aún, se mantendrán empresas que funcionan bien, ya arraigadas, las más capaces de colocar a gente y sobretodo de no despedir a sus trabajadores actuales.

4º.- Una ventaja extra para los Pueblos, es que cuando contraten de nuevo, lo harán más barato, al saber los empresarios que cobrarán al día. Hoy inflan presupuestos contando con que habrá demoras para cobrar.

5°.- Agrupar pueblos, para reducir empleo y gastos. Tenemos demasiados. Pasamos de 8.000 En el anexo 4° trataremos este tema en profundidad.

6°.- Concejales. En pueblos pequeños debieran ser como un consejo de administración, con reuniones semanales o quincenales. Cargo honorífico, apetecible y desde luego sin sueldo.

Al aumentar el tamaño del pueblo o ciudad, quizá se precisen sueldos a algún concejal, por ser preciso que trabaje a tiempo completo, no a todos, cuidar mucho en no pasarse.

7°.- Algunos servicios se podrían contratar para toda la comarca a empresas especializadas, con el ahorro subsiguiente.

Autonomías y Estado Central.

Tendrán que apretarse el cinturón a fondo y suprimir todos los gastos superfluos, que ya vimos son ingentes, suprimir asesores, despedir eventuales, reducir ministerios, consejerías, cargos, y achicar el número de funcionarios de manera drástica. Los funcionarios sobrantes se pueden despedir, pero como no es costumbre, para ello habrá, al menos, que no aumentar ninguno, disminuir solo con los que se jubilen y cubrir sus puestos con los que sobren en otros negociados. Ya se contratarán nuevos cuando no tengamos exceso y estemos en mejor situación. Hay funciones interesantes, pero no muy precisas, que mientras seamos pobres habrá que suprimir.

Si es preciso, reducir o al menos congelar sueldos de los que queden, de los imprescindibles.

Incluso se podría estudiar reducir el número de autonomías con alguna fórmula que lo estimule, para aminorar costes. Berlusconi en Italia quiso suprimir más de 30 provincias de unas 110 que tienen para ahorrar. Aquí también podríamos reducir las 50 provincias a 20 o 30. No gustará, por tradición, esta reducción, pero desde luego el ahorro sería importante.

También podríamos reducir Autonomías, anexionándolas a otras, al menos las uniprovinciales.

El Estado Autonómico es caro. ¿Cómo reducir su coste? Pensamos que habrá muchas fórmulas y quién sabe si al final la mejor solución sea suprimirlo. Antes de llegar a este extremo debemos intentar funcione bien y sea económico, pues tiene aspectos positivos al estar todos sus habitantes más cerca de los centros de toma de decisiones.

Empresas públicas

Han sido uno de los grandes despilfarros que hemos tenido. En ellas podemos colocar con facilidad, amigos, parientes, gente de nuestro partido, pues no es preciso sean funcionarios. Tenemos ya unas 4.000 con un personal cercano al medio millón y un gasto de 15.000 a 18.000 millones de €. ¿Cuántas son precisas? Muy pocas. Debemos suprimir, cerrando o privatizando todas las posibles, que serán la mayoría. ¿Las útiles se podrían reducir de tamaño? Seguro. ¿Ahorraríamos si se privatizan? Sin duda alguna.

Que vía tan fácil son estas empresas para gastar lo indecible, colocar gente, saltarse techos de gasto, etc. Además son gastos opacos, no están en los presupuestos. Que desastre. Lo único bueno es que es fácil reducir, incluso suprimir.

Transferencias a las Autonomías.

Un servicio llevado desde la capital precisaba 100 personas por ejemplo. Se transfiere y las Autonomías lo hacen con 120 o 150 personas, pues está muy dividido, pero además las 100 iniciales, permanecen. Que fracaso, que despilfarro. ¿Es importante transferir muchas cosas? Algunas claramente sí. En otras se pierde la economía de escala. Centralizada costaría menos. Ya costaba menos.

Situación después de eliminar gastos superfluos

Una vez sin gastos superfluos y reducida mucho la "deuda", acudiendo, si es necesario a privatizar algunos bienes públicos, podría el Estado ayudar a las empresas (ayudas, que como vimos, terminan en mejorar sueldos, el fin que perseguimos) con reducciones de impuestos y otras cargas, incluso con terrenos baratos en algunos sitios a promocionar.

Si comprendemos que cada gasto innecesario representa disminución del nivel de sueldos, seguro seríamos muy críticos con estos despilfarros, por muy bonitos que parezcan.

Aquí sí que sería útil el periodismo de investigación para denunciar excesos y que gran presión pública aparecería para obligar a suprimirlos, sabiendo que cada gasto superfluo, representa disminución de sueldos.

El público denunciaría a los periódicos posibles gastos superfluos, que investigados para evitar errores, se publicarían y con ello forzaríamos a suprimir, a evitar. Todos sabemos, o creemos saber, de algún gasto inútil. Denunciémoslos a los periódicos. Estos los estudiarán, cribarán y los contrastados los publicarán poniendo en entredicho al culpable. ¿Quién se atreverá a meterse en gastos inútiles o abusivos, sabiendo saldrá en la prensa? Al menos esto frenará muchos excesos.

Los políticos tendrían como una de sus principales ocupaciones estudiar y evaluar todos los gastos que dependen de él, para dejar solo los necesarios, reduciéndolos en todo lo posible y suprimiendo los innecesarios, incluso los de dudosa necesidad.

Que mayor propaganda para un político que se presenta a la reelección que poder dar una lista de gastos suprimidos.

Otras formas de ver lo que representa la reducción de gastos

Si las empresas pueden pagar costes salariales de 100 y conseguimos una rebaja en el coste de la SS de 10, podrán pagar al trabajador 110 sin subir sus costes laborales.

No suprimir gasto superfluo del Estado, Autonomías o Municipios representa más impuestos. Si estos gastos suben 10 el nivel de sueldos bajará estos 10, para mantener el equilibrio de costes, esencial para ser competitivos, para poder vender, para poder exportar.

Muy importante dificultar o impedir la creación de nuevos gastos superfluos posibles, que no podemos ni imaginar cuales serían, pues las posibilidades son infinitas.

En resumen, cuantos gastos absurdos tenemos, cuanto donde recortar, ahorrar, suprimir. Hagamosló España nos lo pide. Los parados nos lo exigen.

, lo tienen que dedicar a infraestructuras de las que carecen.

Es cierto que hay naciones más ricas que nosotros, por tener tierras más productivas, por tener minerales de los que carecemos, por tener petróleo, etc. Pero, la verdad, es que hoy somos una nación rica y por ello podemos permitirnos este subsidio que preconizamos, logrará trabaje todo el que lo desee y esto representa un aumento del producto ingente y a precios competitivos, por lo que será vendible y su sobrante exportable.

¿Es esto dumping? Posiblemente si, pero es difícil nos lo puedan prohibir y quien quiera que nos copie.

Un poco como resumen. Si la única solución fuera nuestros contratos subvencionados y además España puede financiarlos, no dudemos

CAPÍTULO 6º

Veamos el futuro de nuestro país cuando estas medidas estén en marcha y funcionando

Si el nivel promedio de sueldos esta en 100 veamos como podrían influir en este nivel diversas causas.

1º.- Las empresas, al TENER BENEFICIOS, intentarán crecer y mejorar aún más, podrán hacerlo al **TENER DINERO,** invertirán en mejores métodos o máquinas reduciendo costes, contratando personal más capacitado aunque más caro y lo principal, permitiéndoles pagar mejores sueldos al personal que tienen, temen que otras empresas se los quiten. El nivel 100 aumenta. Tenemos que recordar que el principal activo de una empresa son sus trabajadores.

Que las empresas ganen dinero hace subir sueldos.

Si para aumentar la productividad compramos mejores máquinas que permiten, por ejemplo, disminuir personal reduciendo costes, estos se colocarán en otras empresas al haber DEMANDA PARA ELLOS, aún más para estos trabajadores por la experiencia y capacitación adquirida. Lo tienen mucho más fácil que los parados o los poco capacitados. La empresa mejora, pues reduce costos, da más beneficios a sus dueños, crece, los obreros que permanecen mejoran de sueldo.

En los despedidos habrá de todo, unos quizá mejoren de sueldo, otros no, al menos al principio.

2º.- Para poder exportar, esencial en cualquier economía, y esto sería preciso en nuestro caso, al tener tanta producción, los COSTES DEBEN SER REDUCIDOS. Requisito imprescindible para exportar. Con costes elevados no somos competitivos, no podemos vender, menos aún exportar. Si tenemos costes altos será nuestra ruina.

3º.- Los costes son por varias causas. Laborales, o sea sueldo más Seguridad Social. Fiscales o sea los impuestos estatales, autonómicos y municipales. El resto de costes son debidos a la empresa y a los productos que precisa.

4º.- Algunos de estos costes son privativos de la empresa. Mala organización, exceso de personal, trabajadores poco capacitados, etc. Esto se soluciona, cambiando lo preciso, sea la organización, sea el exceso de personal, sean los trabajadores poco apropiados, sea el producto que se quedó anticuado y si la Empresa no soluciona este problema, cerrará por fracaso y será sustituida por otra empresa. La competencia elimina a la empresa mala y la sustituye por otra mejor.

5º.- Otros costes de la empresa son generales para todas las del sector, por ejemplo la subida de precio del cobre, o incluso para todos los sectores si sube la energía. La subida del precio de alguna materia prima por escasez encarece el producto que la precisa. Si es general en todo el mundo, no pasa nada. Este producto sube de precio y nada más.

En su día se puede paliar esta subida con otra materia que la pueda sustituir u otro producto similar que no precise esta materia cara.

Si el aumento del coste es específico de nuestra nación, es grave, pues nuestros productos pueden dejar de ser competitivos. Cuidado con el coste de la energía. Con renovables que producen muy caro y con nucleares que dan una energía barata pero con problemas se produce un dilema importante. Vecinos con nucleares, Francia por ej. y nosotros sin ellas, puede ser grave. Parece ser que la energía francesa cuesta la mitad que la nuestra.

Es interesante observar que el más afectado por cualquier cambio es el salario. Es el único coste que se puede bajar para compensar subidas en los otros, pues si no mantenemos costes bajos, si estos suben, no podremos vender o exportar al perder competitividad. Cualquier coste que suba se compensa reduciendo sueldos. La parte buena es justamente la contraria.

Cualquier coste que baje sube salarios.

Que axioma tan optimista y esperanzador, y que gran verdad. Como anima desde un punto de vista social, humano, a intentar rebajar costes. Las empresas reduciendo los suyos, el Estado reduciendo gastos.

Coste laboral es sueldo más Seguridad Social. Todo sale de la empresa y es absurdo que compliquemos diciendo que parte lo paga la empresa y parte el trabajador. Que la empresa gestione el pago está bien, para simplificar a Hacienda, pero en verdad quien lo paga es el trabajador. Si este se pudiera abaratar en 100 €, se podrían subir sueldos en estos 100 € sin afectar al coste salarios. Qué gran mejora si se consigue rebajar algo, con mejores métodos, más organización, cualquier mejora que se nos pueda ocurrir. Quizá evitando abusos.

Coste fiscal son los impuestos, cuanto más reducidos sean más se podrán subir los sueldos. Si lo que te ahorras en impuestos lo das a tus trabajadores no aumentas costes totales, y lo darás para conservarlos, para que no te los quiten. No lo haces por altruismo, lo haces por necesidad, pero lo haces.

¿Qué reduciendo estos costes, los primeros que ganan son las empresas?. Cierto, pero ya vimos que por competencia subirán los sueldos, y en poco tiempo las empresas ganarán lo normal y la reducción de costes irá a incrementar sueldos a los trabajadores.

Es interesante lo dicho. Cualquier despilfarro público aumenta impuestos, aumenta costes y por ello reduce sueldos. Que demostrativo es ver este despilfarro sabiendo lo que representa. Cuando el público conozca lo que consigue este **DESPILFARRO O SEA REDUCCIÓN DE SUELDOS,** que contrarios se mostrarán contra los políticos que lo permiten o promocionan. Que exigentes se volverán.

Visto el despilfarro desde este punto de vista, los políticos tendrán que hilar muy fino. El pueblo los estará observando y controlando con rigor. La prensa de investigación buscará posibles derroches para darlos a conocer. Hoy tenemos demasiados gastos absurdos y la realidad es que quedan impunes los culpables, y son culpables aunque este gasto no sea robo, sea hecho de buena fe. Es gasto absurdo al fin.

¿Qué actualmente hay mucho gasto inútil, duplicado, absurdo?. Cierto, habrá que buscar, sanear, reducir, quitar. Qué gran tarea para los buenos políticos. También para los periódicos de investigación.

Como actúa el equilibrio

Si ya estamos en un equilibrio entre sueldos, beneficios de las empresas, impuestos (o sea gasto del Estado), veamos la resultante de cualquier variación.

1º.- Baja una materia prima, por ejemplo el aluminio. El costo de las empresas que lo usan se reduce, estas empresas ganan más, intentan mejorar y crecer las actuales, pueden hacerlo al tener más beneficios. Además aparecerán nuevas empresas para competir, al ser mayores los beneficios. Para ello precisan más personal y más capacitado. Este intento de obtener trabajadores, estando todos colocados, hace subir el salario, única forma de quitarles trabajadores a otras empresas. Resultado **SUBIDA DE SUELDOS.**

2º.- El Estado consigue reducir algún gasto y rebaja un impuesto, el de Sociedades por ejemplo. La misma mejora en las empresas, con el mismo resultado: **SUBIDA DE SUELDOS.**

Si el impuesto que se rebaja fuera el IVA, no subirían los sueldos, pero el ingreso total del trabajador también sube, al gastar menos.

Aún mejor si decide y puede gracias a ser más austero subir el salario mínimo. Suben los sueldos más bajos, los más necesitados. El complemento de sueldo puede ser mayor.

3º.- La inventiva de los empresarios consigue reducir algún coste en sus empresas. Resultado: **SUBIDA DE SUELDOS.**

Que agradable se ve que cualquier reducción de costes, redunda en subida de sueldos. En mejora para los trabajadores.

Si sobran trabajadores, si hay paro, cualquier reducción de costos produce mayor beneficio en las empresas, pero no se repercute en subidas de sueldos, pues los nuevos trabajadores que precisemos los obtendremos de los parados. Quizá si, en personal muy calificado del que no hay exceso. Que importante que consigamos no haya paro. Que necesario conseguir las medidas precisas para ello.

Veamos ahora la cruz de la moneda. Cualquier aumento de costes, reduce sueldos y si por trabas legales, sindicales o de cualquier índole (como pasa en la situación actual), no es posible esta reducción, este mayor coste produce paro. La empresa para mantener costes, se reduce, despide al trabajador sobrante o poco útil que puede, y si no le dejan o es muy caro (caso actual) entra en la espiral de beneficios nulos, o pérdidas, costes caros, no poder vender, con posible y probable cierre a la vista y al paro todos sus trabajadores. Es decir lo actual.

Resumen: El principal beneficiario de las buenas medidas es el trabajador. Su sueldo. Primero acabar con el paro, pues antes de subir sueldos contratas a los parados, hasta que no haya, a continuación subiendo sueldos.

En compensación las malas medidas rebajan sueldos y al final producen paro. ¿Por qué hay hoy tanto paro? ¿Por qué España tiene más paro siempre que los demás? ¿Qué hacemos tan mal?. ¿Será que tenemos más trabas, más complicaciones, más gastos absurdos?

Una vez aplicadas nuestras medidas, ¿cuánta gente trabajaría?. Toda la que lo desee. ¿Más importante aún, cuantas horas totales?

¿Qué pasaría con los productos y servicios producidos por tanto trabajador, y tantas horas?

El resultado está claro, inundaríamos el país de productos.

1º.- Abasteceríamos todas nuestras necesidades, aunque estas serían crecientes al haber muchos más sueldos y ser estos más altos. Mejor comida y vestido, mejores viviendas, aumento de segundas viviendas. Más actividades de ocio.

2º.- Aún así sobrarían productos y este exceso habría que exportarlo. ¿Qué precisamos para ello?. Buenos productos y buen precio.

¿Cómo se consiguen estas dos necesidades?. Con costes reducidos para las empresas, para poder conseguir precios competitivos y con importantes beneficios para poder contratar a los mejores técnicos y poder innovar, poder comprar las mejores máquinas para que desarrollen y fabriquen nuevos o mejores productos.

Resultado imprescindible, las empresas tienen que ganar dinero.

CAPÍTULO 7º

Historia de nuestros problemas en España

Por diversas circunstancias, que trataremos de investigar, en España tenemos el paro como nuestro principal problema. Desde la Democracia, siempre hemos tenido más paro que en otros países similares o cercanos. Antes se vivía peor, pero no había casi paro. Es curioso el hecho de que los países comunistas, tampoco tuvieran paro. ¿Los regímenes totalitarios, las dictaduras, no tienen paro?

¿Es incompatible la democracia con el pleno empleo?. Estamos seguros de que no y por ello proponemos ideas, liberales desde luego, para evitar el paro. No queremos dictaduras, sean del color que sean. Queremos medidas que, con democracia, nos ayuden a conseguir, el pleno empleo, después a incrementar el nivel de vida, de bienestar y además suprimir la pobreza.

¡Qué objetivos tan ambiciosos! ¿Serán posibles?. Vamos con ellos, es la razón de este estudio y de todas las ideas que proponemos.

Puede que el pecado de la democracia, y que no se da en las dictaduras, sean las promesas electorales. Mi partido desea gobernar o seguir gobernando y para conseguir más votos, prometo tantas mejoras que luego, o no cumplo engañando a mis votantes, tema peligroso, o realizo dando lo que no puedo ni debo dar. Sueldos mayores, mejor jubilación, horario de trabajo más reducido, Seguridad Social con más prestaciones y más universal. Etc. etc.

Cada mejora es muy buena, pero es un nuevo gasto o un incremento de los actuales. ¿Tenemos un gasto en este tema superior a nuestras posibilidades? Muy posible, pero que desagradable tener que reducir prestaciones. Si fuera preciso hacerlo, como es probable, cuidar mucho lo que se suprime. Mejor tratar de conseguir no suprimir ninguna a base de ahorrar gasto mejorando la eficacia. Si lo conseguimos no perdemos calidad, o muy poca, y ahorramos lo suficiente para que este gasto, que a la fuerza tiene que ser enorme, no nos desborde, no nos lleve a la ruina.

Equilibrio.

En todos los temas es necesario buscar un equilibrio. Para mejorar el "estado de bienestar", cada vez protegemos más cosas, sale más caro y para ello hay que cotizar más a la SS. Lo malo es que este es el peor impuesto que tenemos. Grava directamente al trabajo. Otra solución es que pague parte el Estado y tenemos tres forma, la primera subir impuestos, la segunda endeudamos más. Ambas cosas muy malas y que nos han hecho llegar, junto con otros excesos, a la situación actual. Y la tercera reducir gastos de la administración. Una mejora de la SS sería que cubriera el gasto en dentista. Todos tenemos que pasar por él y no lo cubre. Cubre en cambio los abortos y el cambio de sexo, que no es ni mucho menos tan obvio o necesario. Si te quedas embarazada sin quererlo es tu culpa. Ten el hijo y dalo en adopción. Hay multitud de parejas deseando un niño. Además, con la natalidad casi más baja del Mundo, perder estos niños para nuestra nación es grave. Ellos podrían ser los que nos paguen el día de mañana nuestra jubilación. El Estado debe propiciar esta solución, con las ayudas que sean necesarias. Si aún así prefieres abortar, por comodidad, págatelo de tu bolsillo. También cubre operaciones o tratamientos contra la gordura. Decimos lo mismo, come menos o págate el gasto.

¿Qué SS debemos tener? Una que cubra lo más importante. Que sea austera. Que ampare a todos (ya conseguido). Bien gestionada, que no pase que sale más barato enviar a pacientes a hospitales privados que operarlos en los públicos. Si no fuera posible esta reducción de coste en los públicos, tendríamos que pensar en privatizar los hospitales y que el Estado solo pague los gastos. Estos gastos, por competencia entre todos los privados que se crearían, se abaratarían.

¿Cuántos años de cotizar precisamos para costear los gastos de la SS?. Aquí también hay un equilibrio.

Si empezamos a cotizar pronto y retrasamos la edad de jubilación, pagaremos durante muchos años y las cuotas podrán ser más reducidas. Si calculamos que pagar durante 40 años es suficiente, es más positivo retrasar a los 67 años la jubilación y empezar a cotizar a los 27 años, por el enorme incentivo a contratar jóvenes, más baratos con este sistema al no tener que pagar SS hasta los 27 años.

Si conseguimos reducir gastos en la SS, con mejor gestión, sería posible jubilarse antes. 65 años, quizá 60 años. Que gran mejora social para estos jubilados que pueden seguir trabajando y ganando dinero a parte de su subsidio de jubilación.

Hoy, estamos tan mal, que será necesario retrasar la jubilación a 67 años, quizá incluso 68 y adelantar el empiece a los 25 años. Ya mejoraremos, cuando la situación mejore. Necesitamos ese ingreso para costear nuestra SS, posiblemente demasiado buena y por ello cara.

¿Tendrá este incremento de gasto en "estado de bienestar" la culpa de que todas las naciones occidentales tengamos una deuda importante? a veces ingente. Si gastamos más que ingresamos, y esto es muy típico de los economistas o políticos con ideas keynesianas, nuestra solución es pedir prestado, incrementar la deuda. Si nuestra población no es capaz de ahorrar suficiente para comprar este exceso de deuda, tenemos que venderla fuera, y los inversores que la compran exigirán intereses cada vez mayores cuanto mayor sea la deuda, con ello mayor su crecimiento, y con ello el riesgo de no cobrar a su vencimiento. Este déficit creciente puede hundir a cualquier nación. ¿Estamos ya en ese peligro?.

El paro es muy grave para la economía de cualquier nación como ya sabemos. Quizá lo más grave del paro sean sus consecuencias sociales. Estar parado. Sin esperanza de encontrar trabajo. Con necesidades familiares imposibles de cumplir, colegios a cambiar, piso a perder etc. Horas libres, todas. Aburrimiento y preocupación. Mucha facilidad para caer en lo malo. Robo, prostitución, contrabando, droga. Gran facilidad de vicios, bebida, drogas y desde luego tendencia a hacerse vagos. Horrible.

En España nuestro problema principal, o sea el paro, es mayor, más grave. ¿Causas?

Al empezar la democracia, teníamos un paro cercano al 6% con 589.000 parados, que pasaron en el 82 a 2,3 millones y en el 96 a 3,7 millones, o sea un 22%. En la época Aznar o principio de Zapatero tuvimos la cota más baja de parados, cercana al 8%, pero casi el doble que los demás países del Mercado Común en aquel momento. Aún así teníamos 1,5 millones de parados. Vinieron 4 millones de extranjeros y encontraron trabajo. Nuestro 1,5 millones no lo encontró. ¿Parados? ¿Vagos? ¿Ilusos?

Al final de F-González más del 22% de parados y al final de Zapatero aún más parados. Son cifras tan graves que de no conseguir solucionarlas nos hundirán. Y un país hundido tarda, como mínimo, décadas en recuperarse. Veamos Argentina, uno de los países más ricos en los años 20 del siglo pasado y las décadas que lleva tan desastrosas y sin visos de mejorar.

Estamos convencidos que la economía socialista no es eficaz, es mala y parte de la prueba la tenemos en nuestros dos periodos socialistas que hemos padecido. ¿Es malo ser socialista? Desde luego que no. ¿Son malas las ideas socialistas para la economía? Claramente sí. ¿Solución para los socialistas? Abandonar estas ideas. Con las demás que hagan lo que quieran.

El fijarnos solo en que el número de parados, sean solo los inscritos en el INEM o los que da la EPA (encuesta de población activa) no es real, nos engaña, y aún así nos asustan las cifras anteriores. Son más, muchísimos más.

Al empezar la democracia teníamos en España unos 11-12 millones de trabajadores. Al irse Suarez, teníamos los mismos. Sus políticas no fueron eficaces para mejorar en este tema, el principal. Al final de F-González manteníamos esta cifra, agravada con un 22% de paro. Tampoco consiguió mejora alguna en esta cuestión y al final lo malogró todo aún más. Aznar logró reducir el paro a menos de la mitad, pero además consiguió aumentar los trabajadores en varios millones. Este si es un gran logro. Su mejor logro, suficiente para pasar a la Historia como un gran gobernante. Enriqueció a España. Qué gran herencia dejó a los socialistas y que poco la han aprovechado. Unos pocos años, en que siguiendo el modelo económico heredado, por inercia y aprovechando la buena coyuntura mundial, continuamos mejorando y luego el desastre de no saber gestionar la crisis, al principio negarla y después aplicar los ineficaces sistemas económicos socialistas. Por ejemplo el Plan E, típicamente Keynesiano, y que solo sirvió para aumentar nuestra ya abultada deuda. Por ello la crisis nos afectó más que a los demás países y a la que hoy día aún no encuentran solución.

Luego con Zapatero seguimos con muchos trabajadores, pero con un paro de más del 22%, inadmisible por lo que representa para los parados y carísimo de sostener. Nos puede hundir. A él ya se lo ha llevado por delante. Esperemos por el bien del Partido Socialista que su sustituto sea más sensato. ¿Es Zapatero el fracasado? ¿Es el sistema económico socialista?. ¿La próxima vez que gobiernen los socialistas cambiarán su modelo? ¿No se puede ser socialista, y abandonar recetas económicas trasnochadas, fracasadas?

Si estudiamos el verdadero paro, tristemente es bastante mayor. Hay infinidad de otros parados que no se incluyen en las estadísticas.

Parados en cursos de formación. Obreros ineptos que no se pueden despedir y estos son más dañinos para la economía que los parados normales. Entorpecen a los compañeros, perjudican a su empresa que es quien paga su subsidio de paro (en este caso su sueldo) encareciendo costes y con ello haciéndola menos competitiva, con riesgo de fracasar.

Jubilados prematuros. A muchos no se les permite trabajar, pues perderían su jubilación, y están útiles, muchos muy útiles, muy preparados y con ganas de trabajar.

Jubilados normales, pero con deseo de trabajar un poco más, con la misma prohibición. En ambos casos, gran pérdida de horas de trabajo en gente muy preparada. Que despilfarro en ambos casos.

Trabajadores dispuestos a hacer horas extra, sea en su empresa o en otra. Las leyes lo dificultan y son horas perdidas para el conjunto del país. Permitidas, beneficiarían al obrero trabajador y a España en su conjunto.

Estudiantes que pierden el tiempo haciendo carreras largas o no apropiadas en las que no encontrarán empleo. Malo los que se van al extranjero. Los formamos, tema muy caro y luego sus conocimientos no nos son útiles aquí. Fabricar un "producto" caro, los titulados, y exportarlo gratis. Buen negocio.

Peor aún los que van directamente al paro. En ambos casos ¿Para qué sirvió el coste y tiempo de formarlos?. ¿Si somos pobres, para que este gasto?

Funcionarios sin función. Si para un trabajo son precisas dos personas y tenemos tres, una sobra, es un parado y más caro que los normales (su sueldo es bastante superior al subsidio del parado). Aquí sí que hay un verdadero escándalo. El aumento de personal, en épocas boyantes, en ayuntamientos, comunidades y Estado Central ha sido desmesurado, había que premiar con un empleo a parientes, amigos, militantes del Partido. Eran épocas tan buenas que permitían este despilfarro sin que se notara mucho. El boom inmobiliario dio ingentes ingresos a pueblos y ciudades, que se usaron para mejorarlas en exceso (veamos por ejemplo la cantidad de magníficos polideportivos existentes y con poco uso al ser tantos) y tema mucho más grave, contratando personal en exceso. Las obras que se hicieron, ahí están y solo cuestan su mantenimiento y conservación. Los empleados sobrantes, siguen sobrando y cobrando su sueldo igual que al contratarlos. Es un gasto permanente. Ahora se nota más este exceso de gasto, pues es difícil echar a los indebidamente colocados y este exceso de gasto perjudica gravemente a la Nación. Representan un coste brutal para el Estado, que se soluciona con mayores impuestos, tema muy malo, o endeudándonos más, tema aún peor, en vez de su forma natural, es decir suprimiendo estos empleos superfluos.

Hay más casos aún, por ejemplo mujeres en los pueblos que no encuentran ningún trabajo, deseándolo y que no están en el paro por no tener derecho a él.

¿Qué cifra tendríamos si sumamos todos los dichos? ¿30%? ¿40%? Quién sabe.

Si todas estas personas trabajaran, produjeran, como mejoraría la Nación. Cuanto producto, que buenos servicios. Vamos a ello, es necesario y urgente. Seamos conscientes de que cuanta más gente trabaje tendremos más producto, parte para vivir mejor, otra parte para suplir importaciones y el resto para exportar enriqueciendo a la nación.

Vamos a ver unos números poco precisos, pero demostrativos, de lo que pasará si reducimos el paro.

Supongamos que con una nueva medida de política económica, conseguimos que un millón de parados consiga trabajar.

1º.- El Estado se ahorra, pongamos un promedio de 500 € al mes por parado, 500 millones de € mensuales, que son 6 mil millones al año.

2º.- Nos ahorramos también los intereses de la "Deuda" que aminoramos en estos 6 mil millones cada año. Debieran ser 6 mil millones menos de Deuda cada año, y no dedicar este ahorro a nuevos gastos, como nos tememos podrían hacer.

3º.- Estos trabajadores, producirán entre bienes y servicios una cifra muy importante, que dará un beneficio a sus empresas. Estas pagan impuestos sobre estos beneficios.

4º.- Estos productos tienen IVA, lo que aumentaría ingresos al Estado.

5º.- Reducirán importaciones con ahorro de divisas. Esto disminuye también nuestra Deuda externa.

6º.- Parte se gastará aquí como mayor consumo, mejorando nuestro nivel de vida.

7º.- Parte se exportará, produciendo divisas y volviendo a reducir Deuda externa.

8º.- Los accionistas de las empresas, tendrán beneficios, que también cotizan.

9º.- Parte de estos trabajadores pagarán Impuesto sobre la Renta

10º.- Estos trabajadores, al ganar más, consumirán y ahorrarán más. Beneficio para la Nación e ingresos para el Estado por los impuestos subsiguientes.

Vemos que además de mejorar la calidad de vida de este millón de trabajadores sacándoles de su lamentable situación de parados, los impuestos producidos darán mucho dinero para el Estado, muchísimo.

La reducción de Deuda, si se hace, es acumulativa pues ello permite reducir nueva Deuda al año siguiente. La que corresponde a este ahorro mas la que corresponde a sus intereses. Aún más, pues los inversores extranjeros al ver que funcionamos bien nos prestarán a intereses más reducidos, ya no verán tanto riesgo en comprar nuestra deuda.

También más impuestos. Ingreso que se debiera aplicar a reducir nuevamente Deuda. Primer fin actual de nuestra economía, por ser tan deudores.

Que interesante y bueno se ve lo conseguido con este millón nuevo de trabajadores. Cuanto podemos mejorar.

¿Y si en vez de reducir los parados en este millón, los reducimos en 2 o en 3, o incluso en 4 millones?.

Lo malo es lo contrario. Lo que ocurre con un millón nuevo de parados, como está pasando en estos últimos años. Justo lo contrario, realmente mucho peor, pues si al colocar este millón también mejoramos el ánimo de los aún parados, que ven acercarse la posibilidad de encontrar trabajo, el que aumente el número de parados produce gran desánimo en los aún empleados, que ven lo que se les viene encima y más aún entre los actualmente parados que ven más difícil y lejano el poder encontrar empleo.

Es tanto lo bueno que logramos al aumentar el empleo, el trabajo y tanto lo malo al aumentar el paro que este debe ser el primer "test" a que debemos someter la gestión de un gobierno, estatal, autonómico o municipal, incluso de una ideología, ¿Hay más paro que al empezar? ¿Se redujo? ¿Hay más trabajadores, aunque se mantiene el paro?

Simplemente en cualquier medida a tomar, hay que pensar. ¿Promueve empleo? ¿Puede crear paro?

El segundo test debe ser la "deuda". ¿Disminuyo? ¿Aumentó? ¿En que se invirtió? ¿Fueron mejoras útiles?

Estos test nos ayudarán a dar el voto al partido que mejor nota saque, que mejor lo haya hecho.

Situación económica de España

En esto somos optimistas, aún más comparándonos con otras naciones, o con otras épocas.

Cada nación tiene que afrontar sus problemas desde el estado de desarrollo en que se encuentre. Veamos nuestro caso.

Tema comida y vestido. Del 50% de personas dedicadas al campo, que son los que producen comida y materias primas para la ropa, en los años cercanos al 1.930 hemos conseguido que hoy sean un 6-8%. Problema resuelto.

Construcción de viviendas. Con el llamado boom inmobiliario de estos últimos años sobran viviendas, incluso segundas viviendas en campo o playa para cubrir las necesidades de una esperada elevación del nivel de vida. Otro problema resuelto. Ahora solo queda conservar, mejorar y hacer algo nuevo, no mucho.

Carreteras, ferrocarriles, puertos y aeropuertos. ¿Todo hecho?. No, eso nunca es total, pero sí bastante bien. En muchas cosas superior a las mejores naciones de Europa. En trenes de Alta Velocidad, solo nos supera China. Tampoco tenemos que invertir mucho aquí, podemos esperar, retrasar obras, quizá incluso solo conservar. Hoy no es preciso. Otro tema resuelto.

Hacer obras que se precisarán dentro de unos años (prematuras) es malo. Gasto importante, con intereses y deterioro hasta que sean útiles. Realmente útiles. Un ejemplo demostrativo es la autovía de los viñedos que une Toledo con Albacete. ¿Llegará a ser importante? Muy posible, pero hoy día no se usa casi. El AVE en construcción Madrid Jaén. ¿Absurdo? Quizá sí, pero como mínimo prematuro. Y qué decir del AVE Toledo Albacete, que han cerrado por su casi nulo uso.

Si estas infraestructuras se van a necesitar dentro de 20 años, esperemos estos años para hacerlas, no gastemos ahora. ¿Y si la que creemos se necesitará dentro de 20 años, realmente luego se comprueba que no se necesita?

¿Cuántas inversiones prematuras hemos hecho? Además se alaba a fulanito por la previsión que tuvo al efectuar esta obra. Estatua en vez de cárcel. Y esto solo cuando de verdad llega a ser útil, no en todos los casos, pues muchas nunca llegan a utilizarse.

Ahora viene lo interesante, tenemos que dedicar esfuerzos a productos de consumo para la población, transformados agrícolas, vestido, máquinas, etc. sin olvidar la distribución, como transporte, comercio, etc. Debemos producir bien y en suficiente abundancia y precio para competir con nuestras importaciones y el sobrante, que será mucho, poderlo exportar. Aquí si es importante la innovación, la tecnología. ¿Cómo lograr que todo el mundo trabaje, que no haya paro, para lograr una gran cantidad de productos, es decir que sobre de todo?

¿Cuánta gente trabajaría? ¿Más importante aún, cuantas horas totales?

¿Qué pasaría con los productos y servicios producidos por tanto trabajador?.

El resultado es claro, inundaríamos el país de productos.

1º.- Abasteceríamos todas nuestras necesidades y en un futuro hasta más vacaciones pues el tiempo libre también es un producto apetecible.

2º.- Aún así sobrarían productos y este exceso habría que exportarlo. ¿Qué precisamos para ello? Buenos productos y buen precio.

¿Cómo se consiguen estas dos necesidades? Con costes reducidos para las empresas, que les den beneficios.

Resultado imprescindible, las empresas tienen que ganar dinero. Invertir en "I +D + i" de lo que tanto se habla no es tarea primordial del Estado, no nos engañemos, es de las empresas, y para ello es preciso que ganen dinero, mucho dinero.

Que Universidades como en USA, o el Estado hagan también investigación y desarrollo, sobre todo en temas no tan acuciantes, puede ser bueno, ayudar, pero precaución, es fácil el error en la elección de lo investigado y sería un gasto innecesario.

3º.- Importaciones. Obligadamente tenemos que importar productos, el principal el petróleo o el gas natural. Para compensar esto es preciso exportar, y son cifras grandes. Vemos tan trascendental la exportación, que lograr que nuestros productos sean buenos y baratos será un gran logro. Más aún una necesidad.

Hay otro producto, que hoy no tiene gran importancia y son los cereales, la comida en esencia, pues aparte de su consumo, con ellos se produce casi toda la carne y hasta la cerveza. Con una población mundial que tenía 980 millones en el 1.800, 1.650M 100 años después, 6.700M en el 2.000 y que ya llega a 7.000M, la escasez de comida está a las puertas. Protejamos nuestros cultivos, incluso con subvenciones. Ahora se hace, pero se hace mal. La PAC da dinero a los agricultores, pero no anima a producir. Incluso desanima para no tener exceso. Lo importante es mantener nuestras tierras cultivables, aumentar las que se puedan, y esto solo se consigue con buenos precios a nuestros productos. Si cuanto más produzco más gano, forzaré el cultivo, rescataré tierras para cultivar, abonaré más y mejor. En esencia seré un buen agricultor. También con estas ayudas al precio mantendremos a nuestros mejores agricultores en la tierra, en sus pueblos. Esto es trascendental, prepararnos para cuando llegue la escasez, que sabemos próxima.

Aquí empiezan las soluciones como ya vimos.

Resumimos: Que mal lo hemos hecho, con relación al paro. ¿Nos sentimos culpables? ¿Consideramos es normal?

Paro inmenso unido a déficit y deuda enorme, merecemos un suspenso.

CAPÍTULO 8º

Otras mejoras

Una vez resueltos los principales problemas, o sea paro-déficit-deuda, es momento de ver otros temas interesantes, otras formas de mejorar.

Castigos políticos, y en casos extremos penales, a los políticos o funcionarios que derrochen.

Tenemos un periodismo de investigación muy bueno. Se dedicarían a buscar gastos superfluos, gastos duplicados, inversiones anticipadas (hacer hoy obras que se creen necesarias para dentro de bastantes años), etc. El conocimiento de estos gastos ayudaría al político a suprimirlos. Crearía una presión del pueblo sobre los políticos que les forzaría a ser austeros. Sería una pieza clave del sistema. Enterarse de gastos superfluos no es difícil, la posibilidad de difundirlos desanimará a los políticos a incurrir en ellos. Incluso se debiera implantar algún castigo al político que derrocha (Por ejemplo animar a su Partido a que lo sustituya). Agravado el castigo si es reincidente. Un Presidente Autonómico se compró un coche de 300.000 € que no llegó a usar por vergüenza. Uno de sus consejeros una TV de más de 10.000 € para su despacho. Si al despacho iba a trabajar ¿para qué quería la TV?

¿Podríamos considerar esto "malversación de caudales públicos"? Desde luego lo es, aunque sea sin ánimo de lucro. Algo de ánimo de lucro sí que es. No se lleva nada, pero mejora su bienestar. Su ego.

Eficacia

Aplicando todas las medidas vistas hasta ahora, podemos hacer que una nación funcione bien, casi diríamos muy bien Si queremos dar otro paso más y que funcione aún mejor, tenemos que conseguir **EFICACIA.** Esta tiene aspectos muy amplios y vamos a tratar alguno de ellos.

Capacidad de las personas.

Si la pudiéramos medir de 1 a 100 sería un derroche que para un puesto que precisa nivel 70 pongamos a uno de nivel 90. Esta persona no sería del todo eficaz para la nación. En un puesto superior rendiría más y otra persona menos capacitada cubriría el puesto libre con total eficacia. El actual, subempleado al fin, al mejorar de puesto ganaría más y sobretodo estaría más a gusto, más realizado y al nuevo le pasaría lo mismo. Ambos producirían más con la mejora que esto representa para la nación.

Medir la capacidad no es fácil. Puedes tener nivel alto en una cosa y medio o bajo en otra. Inteligencia, ser trabajador, rendir en el trabajo, ganas de trabajar, habilidad, condiciones físicas, y otros muchos aspectos.

Si existiera verdadera libertad, el mercado (le llamamos "mercado" pero es en realidad la ley natural) colocaría a cada uno en su puesto más idóneo.

Lo malo es que existen estructuras que dificultan o impiden esta libertad. Veamos alguna.

Las obras prematuras no interesan.

Hacer hoy lo que precisaremos dentro de 10/20 años es caro y tonto, mejor hacerlas cuando se precisen. Ahorramos dinero, ahorramos intereses y nos ahorramos conservación. Como ejemplos que conozco está la autovía de Bono (Toledo-Albacete) con escaso uso. El aeropuerto de C-Real o el de Castellón, un AVE Madrid Jaén (en construcción). Un posible aeropuerto en Teruel. ¿Cuántas habrá?. Hacer barcos para la Armada, decisión aplaudida por unos y no criticada por la oposición. Gasto importante y que no da producto. Si más adelante son precisos, los haremos cuando lo sean. Si podemos esperar su construcción a estar en mejor situación, hacerlos hoy es un derroche, o como mínimo un gasto prematuro.

Es curioso que al político que se le ocurren estas inversiones se dice de él "qué visión tuvo" "que acertado" en vez de castigarle por un derroche innecesario.

Justicia

Intentemos una Justicia sencilla y rápida.

El perjuicio económico de juicios súper lentos y de dudoso resultado es fatal para las empresas y los particulares. Además muy caro. Si conseguimos rapidez y quitar dudas, favorecemos la creación de empleo.

Leyes de dudosa interpretación, favorecen haya más pleitos, y con ello más abogados. Personas muy capacitadas que en otras profesiones serían mucho más útiles a la nación.

Hay abogados que ganan muchísimo dinero, por su habilidad y capacidad. ¿Son estas magníficas cualidades verdaderamente útiles a la sociedad?. ¿Estas personas no darían más beneficios en otros puestos importantes? Capacidad la tienen sobrada y en su puesto actual no producen nada útil para la nación. Solo dirimir conflictos entre personas, empresas o entre estas y la Administración, con lo que la complican aún más.

Una solución para evitar este derroche sería tener leyes muy claras, con interpretación sencilla. Si lo conseguimos se podrían evitar multitud de pleitos. Esto tendría varias ventajas.

1ª.- Harían falta menos abogados, más sus empleados, que serían muy útiles en otros trabajos.

2ª.- No sería tan interesante fueran los más capacitados. Sería un trabajo más sencillo.

3ª.- Menos pleitos, significa una Justicia más rápida.

4ª.- Sobrarían jueces y su personal, personas también muy útiles en otros puestos productivos.

5ª.- Daría gran tranquilidad a público y empresas de que no les pondrán pleitos con tanta facilidad.

Al hacer las leyes se suele intentar sean claras y sencillas. No siempre se consigue. Se podría tener una comisión en las Cortes que mejorara, aclarara y simplificara cualquier ley que promueva muchos pleitos. Esta podría ser la alerta de que dicha Ley no está muy clara. Podría además derogar las obsoletas. Incluso mejorar o aclarar las que aún han dado pocos pleitos pero se ve no son demasiado claras o concisas. Que bella labor.

Funcionarios

Entendemos por tales, todos los que trabajan para el Estado, Autonomías o Ayuntamientos, también parra empresas públicas. En resumen los que no dependen de la iniciativa privada.

Estos trabajadores tienen una ventaja sobre los privados. No los despiden y su trabajo es más relajado. Para capacidades similares su sueldo debiera ser menor, para compensar sus ventajas.

Un sueldo superior al del sector privado es malo para la economía, incita a personas demasiado capacitadas a hacer una oposición o presentarse a un concurso para obtener este puesto de funcionario. Hoy día la gran aspiración de multitud de estudiantes y este es hoy uno de nuestros defectos. Aprueban o lo consiguen con facilidad, son más capaces que los apropiados para el puesto, a los que se lo quitan. Esto significa perder unos magníficos trabajadores y que hagan un trabajo inferior a su capacidad. En otro puesto serían mucho más rentables, más útiles. Aún más, le quitan el puesto a la persona idónea. Si el sueldo de funcionario es superior al necesario, apetecerá el puesto y se cubrirá con estas personas. Un derroche, perdemos eficacia. Prescindimos del que lo haría bien y colocamos a otro que daría más rendimiento en otro trabajo.

Comprendemos que para cualquier puesto de la Administración habrá que aprobar exámenes de capacidad. Aprobar en estas oposiciones o concursos no debiera significar que tengas derecho al puesto, solamente que vales para él. En cada oposición o concurso aprobarán muchos, todos los capacitados. No los puestos que se quieren cubrir, lógicamente muchos más. Luego te darán el puesto o no. No te lo has ganado, simplemente has demostrado que lo puedes desempeñar bien. Si para un puesto debes tener una capacidad teórica mínima de 50, debes demostrar con este examen que la tienes o superas. Un sueldo ajustado al puesto es el que desanimará a los más capacitados a cogerlo e intentarán buscar otro trabajo mejor pagado, a pesar de haber ganado el concurso u oposición. Incluso ya trabajando en el puesto ganado, se irán al conseguir mejor trabajo dejando el puesto a otra persona de las que tendremos disponibles. Debemos, en aras de la eficacia ajustar todos los sueldos a las capacidades precisas y actualmente habrá que rebajar muchos sueldos. Hay muchas personas con capacidad suficiente para este puesto que lo harían con un sueldo inferior. Sustituir al caro con otro más barato, reduce gastos a la Administración. Esto ahorra dinero al servicio, muy importante y además permite se coloque la persona adecuada. Un ejemplo de esto pueden ser las enfermeras en hospitales de pueblos, si los sueldos de este cargo son iguales en toda España, o muy similares, en estos pueblos se pagará mucho más de lo preciso. Otras personas del pueblo, suficientemente capaces, lo harían igual o incluso mejor por conseguir permanecer en su casa por un sueldo bastante inferior y esto reduce costos a la Seguridad Social, sin perder eficacia. Hoy es muy buena, pero muy cara.

Recuerdo a un magnífico carpintero ebanista y muy buen dibujante que se coloco de camillero. Aprobó las pruebas con facilidad, era mucho más capaz de lo necesario y que los demás aspirantes, y ganaba más dinero. ¿Absurdo?

Privatizar

Es un tema muy conocido, y al que son muy contrarios los socialistas y sobretodo los funcionarios de las empresas privatizables, pues pierden sus privilegios, similares a los de los funcionarios, en esencia buen sueldo, seguridad de empleo y, en general, menos trabajo.

Es normal que si una misma actividad la hace el Estado y el particular, sale más cara la estatal, a veces mucho más. Un ejemplo que tenemos, son las TV públicas, subvencionadas, con anuncios hasta hace poco, y aún así tenían déficit.

¿Debe el Estado crear empresas?. Si, en algunos casos. Un ejemplo que resultó eficaz, fue Seat. La iniciativa privada no se atrevía a hacer coches. Los hizo el Estado, cubrió una necesidad y cuando ya no era precisa su intervención la vendió, incluso ganando dinero, pero lo principal cubriendo una necesidad.

Si comprendemos que los productos de empresas privadas son más baratos que los de las públicas, tenemos un estímulo para privatizar. Si además obtenemos un importante ingreso para el Estado con el que reducir deuda con su venta, la elección es clara. Mucha precaución al privatizar. Siempre que se pueda hay que hacer conjuntos pequeños con los bienes a vender para ampliar la oferta. Ninguna prohibición al capital extranjero. Subasta pública con las máximas garantías. En sociedades venta de acciones al mejor postor, siempre que se pueda o sea más rentable.

Veamos unas ideas sobre cosas que podría hacer el Estado para obtener dinero en cantidad, posiblemente para pagar toda la "deuda". Esto podría ser magnífico si antes o a la vez se quita de todos los gastos absurdos, si consigue haya superávit. Si estos nuevos ingresos van a nuevos gastos, sería un desastre. Prohibido privatizar mientras exista déficit, se usaría el ingreso para este fin. Es decir para gastos. Muy delicado privatizar. Es esencial sacar el máximo beneficio, vender al mejor comprador, elegir el mejor momento, no favorecer a nadie con precios de conveniencia, sea a "amigos" o en varios casos a Autonomías para lograr apoyos políticos.

Todo lo vendible que ahorre gastos es interesante de privatizar. Ejemplo claro las TV públicas. Importante privatizar, aún más privatizar bien, obteniendo ingresos importantes, los más posibles.

Cajas de Ahorro.-

Cuando fracasó Caja Castilla la Mancha y le apretaron desde Europa con que había que sanear este tema, tuvo Zapatero una gran oportunidad, propia de un gran primer ministro, que por desgracia no era nuestro caso. Expropia las Cajas, disuelve las inútiles, organiza grupos con las recuperables, crea Bancos con ellas y los vendes. Las no recuperables y por ello de imposible venta ciérralas, vendiendo los activos que tenga, como locales, acciones etc. Es fácil sean bastantes las sobrantes, tenemos, entre Bancos y Cajas un número excesivo.

Las Cajas tuvieron su momento y fueron muy útiles. Luego las politizaron, pusieron consejeros por política que no sabían de qué iba el tema. Contentos por el sueldo, totalmente inmerecido, pues no aportaban nada, ni conocimientos ni ideas ni control, aprobaron créditos absurdos imposibles de recobrar y como es lógico arruinaron las Cajas. ¿Merecen estos "consejeros" indemnizaciones por despido o jubilaciones?. Desde luego que no. Se deben anular, es de justicia.

El Estado intenta salvarlas y son un pozo sin fondo. Mejor dejarlas quebrar, aunque alguna quizá tenga venta.

Si el Estado hace o intenta lo que preconizamos, es un negocio redondo. Sin pago por la expropiación, no hay dueños y quizá un importante ingreso por la venta, hecha de forma paulatina para obtener mejor precio. Parece que algo se está haciendo en este sentido y lo alabamos.

TV pública

Antes de que Europa obligara a dejar anuncios, y antes de que fuera tan fácil poner nuevas televisiones, tendría que haberlas vendido. Tenían un valor grande, aún más si permitían despidos del personal sobrante. Aún tienen valor y además privatizarlas permite un gran ahorro. Ya no costarían nada.

Ley de costas

Esta Ley se hizo hace mucho tiempo, pensando en piratas, ataques, etc. Era muy restrictiva y, a pesar de ello, se ha construido mucho y feo cerca del mar.

Hay cerros rocosos, sin casi vegetación, y feos por ello, que están en la misma costa. También pequeñas islas. No sirven para nada. Vende parcelas, no demasiado pequeñas, exige en ordenanzas que se construya con un máximo de 2 alturas y dejando bastante jardín. Serían espacios preciosos, útiles, no perjudicarían a nadie y darían un ingreso importante.

A muchas personas les puede apetecer estas parcelas tan cerca del mar y tan exclusivas. Quizá también a hoteles.

Ferrocarriles

Las vías, igual que las carreteras, seguirían perteneciendo al Estado. Este permitiría a empresas privadas tener la propiedad de trenes, de líneas. Ya se hace así en USA y marcha muy bien. La concesión de estos servicios podría dar mucho dinero al Estado. Mejoraría el servicio para el público con más trenes, mejor servicio y más barato. La competencia hace milagros. ¿Es malo este servicio en la actualidad? No, es muy bueno, pero podría mejorar y además dar un gran ingreso al Estado.

Puertos y Aeropuertos

Ya se ha hecho en muchas naciones con éxito. Privatizado este servicio, nunca se hubiera hecho el esperpento del aeropuerto de C-Real, el de Castellón, el de Murcia o el que se está haciendo en Teruel.

Municipios

A este nivel también existen cosas vendibles sin dañar al pueblo. Un ejemplo curioso sería vender subsuelo debajo de calles o incluso de parques (sin afectar a los árboles, desde luego) para la construcción de aparcamientos. Daría un importante ingreso, no perjudicaría a nadie y beneficiaría la zona.

Otra fuente de ingresos para los ayuntamientos sería cobrar por aparcar en las calles durante la noche. Con la ORA se cobra durante el día, pero la noche es gratis, y las aceras no son bienes privados. Podría ser la forma de rentabilizar estas aceras alquilarlas por medio de subastas anuales o trimestrales y poner la matrícula del cocha en la plaza. Horario de 20 a 10 por ejemplo. Hay zonas que darían mucho dinero, otras con alquileres simbólicos de 1 €.

Bienes municipales

Hay muchos pueblos que tienen fincas propias. Otros muchos, la mayoría no. Es una situación un poco anómala, quizá injusta. Como ejemplos tenemos Albarracín con gran cantidad de pinares del Ayuntamiento. Sacan tanto dinero, que no cobran impuestos y además reconstruyen las casas, gratis, para mejor conservarlas. Es una bella labor, pero no parece propia de que solo lo haga un determinado pueblo y otros no puedan. Es labor del Estado.

En zonas de caza mayor, hay pueblos propietarios de alguna finca que no les da renta o muy escasa para su valor, enorme actualmente pues son fincas de lujo. En casos sólo las aprovechan un pequeño grupo de aficionados.

Expropia estos bienes, no precisan indemnización, los vendes y es un ingreso importante y además suprimes situaciones de privilegio.

Muchas ciudades tienen palacios o grandes edificios en propiedad y que usan para fines propios. Luego hacen nuevos edificios más adecuados, pero siempre conservan el antiguo, dedicándolo a nuevas oficinas. Por ejemplo el ayuntamiento de Madrid. Si el palacio que dejan de usar lo venden, podrían sacar mucho dinero y si precisan más oficinas para otras actividades, podrían construirlas en sitios alejados, más baratos.

Estos son solo algunos ejemplos que se nos ocurren y que darían muchísimo dinero al Estado o municipios, en muchos casos además, ahorrándole al Estado el gasto actual de estos servicios. Si el aeropuerto tal cuesta dinero, véndelo. El comprador, casi seguro lo rentabilizará, para eso lo compra, pero desde luego el Estado se quita un gasto absurdo. Si es tan inútil que no lo comprara nadie, lo cierras. Ahorras los sueldos y demás gastos. Si en el futuro fuera útil, lo vendes entonces. Habrá aeropuertos hoy inútiles que quizá algún día los compre la ciudad donde están situados, desde luego cuando tengan dinero para ello, pensando en un posible incremento del turismo o del comercio o industria y que llegue a ser rentable. Puede ser la ciudad quien lo compre, aunque es peligroso. Sería mejor un consorcio de industriales que se forme para ello. Lo bueno es que el Estado se quita un gasto y además saca un dinero.

El Estado para reducir "deuda", tema importantísimo, puede desprenderse de bienes públicos. Ya hemos visto algunas posibilidades.

Cuanto más deprisa vaya este proceso de reducir "deuda", antes se recuperará el consumo, aumentarán los impuestos y el Estado estará más desahogado para sus funciones y resto de gastos, entre otras cosas por la reducción de los intereses de la deuda. Por ello puede ser importante privatizar algunas cosas. Esta es su razón.

Recuerdo, hace años una visita de Menen, presidente de Argentina en que se vanagloriaba de que vendió Aerolíneas y se ahorraba 5.000 millones de dólares anuales. Cito otras dos o tres cosas que vendió con ahorros similares. ¿Sirvió aquello para algo? NO. Ese dinero se aplicó a reducir déficit o a ampliar gastos, no a reducir deuda, siguieron gastando de más y acabaron sin lo vendido y con la "deuda" similar o incrementada. Buena decisión al vender, muy mala en cómo se empleó el dinero obtenido.

Una vez conseguido haya superávit, vemos muy interesante estas privatizaciones, pues aceleran la recuperación.

Una de las principales ventajas es que al no tener que emitir "deuda" y que la compren en gran parte nuestros Bancos, estos darían muchos más créditos, su fin principal para ganar dinero. Todo el dinero que actualmente invierten en "deuda" iría a créditos. ¿Compran esta "deuda" presionados?.

En vías de solución la supresión del déficit y la reducción de la "deuda" tendremos, un primer tiempo, en que la mayor parte del incremento en la producción de nuestras empresas irá a la exportación. Estamos tan pobres, que al principio, poco podremos aumentar nuestro consumo.

Día a día, el consumo crecerá, con ello el IVA y otros impuestos y así llegaremos a la fase que ya es alegre y positiva. Con un gasto público reducido, con una "deuda" pequeña o nula y con muy poco o ningún paro, el Estado puede ya hacer políticas activas de mejora social. Tiene ingresos para ello.

¿Puede ser que al conseguir el equilibrio, es decir paro casi nulo, empresas rentables y Estado sin déficit ni casi "deuda", los sueldos sean menores que los actuales? Es posible que algunos sí, pero poco probable. Recordemos que cada gasto suprimido representa una subida de sueldos. Y nosotros vamos a suprimir muchísimos.

Tendrá el Estado un nuevo gasto al aplicar nuestras teorías y es el de complementar sueldos bajos. Será un gasto muy importante, pero pensamos que con la enorme reducción de gastos superfluos y la eliminación del exceso de funcionarios, podrá asumirlo.

La Deuda total se reducirá mucho y muy deprisa. Los particulares al ir amortizando sus hipotecas, como ya pasa. Los Ayuntamiento al no hacer inversiones nuevas hasta pagar a sus proveedores, el Estado al reducir gastos y al achicarse los intereses de la "deuda" al disminuir esta, completado con la parte mayor, o sea la supresión del gasto superfluo.

¿Todos los despedidos de la función pública, cobrarán solo el salario mínimo?. Seguro que no. Lo mismo digo de los actuales

parados. Sus salarios serán, sobre todo al principio, menores a los que cada persona cree merece. Incluso, en muchos casos, a lo que realmente merece. La competencia lo solucionará. Yo empresario pujaré por el más preparado y pagaré lo necesario para llevármelo. Esto hará se coloquen más deprisa los mejores y con mayores sueldos. Además incentivará a los restantes a prepararse, a capacitarse.

Cuando pase lo peor ya se ajustarán los sueldos con la capacidad y rendimiento de cada trabajador.

Estamos actualmente tan mal, que los beneficios no llegarán rápidamente a los ciudadanos. Con lo ahorrado al suprimir gastos disminuiremos déficit, al acabar con el déficit disminuiremos "deuda" y al aminorar (drásticamente si ayudamos con privatizaciones) la "deuda" podríamos dedicar este ingreso sobrante a reducir costes a las empresas que terminan en mejoras salariales, como vimos, y en disminuir impuestos a los ciudadanos. En ambos casos mejorando a los trabajadores, nuestro fin principal.

El tema eficacia es vital para mejorar una nación, para que todos los trabajadores estén más satisfechos con su trabajo.

La forma de poderla conseguir pasa por que exista "pleno empleo" y con ello facilidad de cambio de trabajo.

CAPÍTULO 9º

Ahorro

Una nación necesita capital. Este es el ahorro de sus habitantes. Cuanto más capital tiene más cosas puede hacer y tener.

Todas las infraestructuras que tenemos representan el ahorro de nuestros antecesores. Casas, pueblos, ciudades, carreteras, ferrocarril, puertos. Todo ello se ha hecho con ahorro. Las casas, en general, con ahorro privado y el resto con dinero público, que es también ahorro privado, que pasa al Estado a través de los impuestos.

En un momento dado, si se quiere hacer algo especial, por encima de nuestras posibilidades, se puede pedir prestado al extranjero. Esto representa gastar hoy el ahorro del futuro, pues este préstamo hay que devolverlo. Si la obra realizada lo merece, la renta que esta inversión produzca, permitirá con creces el pago de principal más intereses. Sea como inversión rentable económicamente o socialmente. En ambos casos compensa. Si el beneficio es "social" es más difícil evaluar su éxito. Por ello tienen que ser inversiones muy claras.

El ahorro de las personas es la única fuente de capital. El Estado puede ahorrar gastando menos de los impuestos cobrados, que provienen del ahorro de las personas. Pero al final quienes ahorran son las personas.

¿Cómo podemos incentivar el ahorro?. Ya de por sí, y por principio, las personas son ahorradoras. Unas para poder mejorar en el futuro, por ejemplo comprando un piso, o dando estudios mejores a sus hijos.

Otras para paliar una futura necesidad, por ejemplo el despido o una enfermedad. Otras para legar a sus hijos.

El ingreso de una persona, su sueldo en general, lo reparte primero para impuestos, pues son obligatorios, segundo para sus gastos esenciales, comida, vestido, vivienda y el resto lo distribuye voluntariamente entre ahorro y mejorar su nivel de vida, incluso con gastos superfluos si le agradan. Cuanto mayor es su ingreso, mas puede ahorrar o dedicar a gastos superfluos, que le dan satisfacción. En su gasto esencial y en los impuestos no puede decidir, y mala es su situación si necesita prescindir de parte de su gasto esencial o necesario.

Seamos positivos y pensemos que su ingreso sobra para estos dos gastos principales, impuestos y vivir, y que tiene que decidir qué hacer con el resto, entre cuanto ahorra y cuanto gasta en vivir mejor.

El gasto extra o superfluo también es bueno pues anima el consumo, pero el ahorro es esencial pues incrementa el capital de la Nación. Bien está que todo este exceso no vaya a ahorro, pero desde luego sería un desastre que todo vaya a consumo. Sería, en su conjunto, vivir por encima de nuestras posibilidades, pidiendo prestado al extranjero todo lo que precisemos para nuevas inversiones, al no poder financiar nada con nuestro ahorro al ser este nulo o casi nulo.

Es de suma importancia ahorrar. El ahorro de los ricos no es mucho, pues son pocos. El ahorro de los pobres es muy difícil, pues poco pueden. El ahorro principal es el de las clases medias, que hoy gracias a Dios son muy numerosas.

A esta clase media la han engañado tantas veces con su ahorro que es un verdadero mérito sigan ahorrando en vez de vivir al día confiando su futuro totalmente al Estado, como ya hacen muchos.

Ejemplos de engaños los tenemos abundantes. Sofico vendiendo pisos 2 o 3 veces el mismo. Gescartera o sea empresas de ahorro piramidal con grandes intereses, mientras duraban. Otro ejemplo más antiguo fue "La moderna apicultura", que tenía unas pocas colmenas que paseaba con frecuencia para engañar y te daba rentas altas, decían de la miel conseguida, en realidad una estafa piramidal. Las que invertían en sellos, mientras aumentaban sus inversores, les entraba un dinero con el que pagar los altos intereses y quedarse parte, hasta que necesitaban venderlos y les era imposible, quebrando. Un sello si es escaso puede valer mucho, pero si salen al mercado 1.000 o más deja de valer. Ahora los pagares de Rumasa con rentabilidades del 10%. Una inversión que renta mucho, es porque tiene mucho riesgo. Lo malo es lo confiada que es la gente. Ven que a los primeros les va bien y se animan. Luego llega la hora de la verdad y hasta exigen al Estado les compense lo perdido.

Hay otra estafa que hacía el propio Estado y es la inflación. Emite deuda al 4% y promueve o permite una inflación del 6%. Crees al comprar esta deuda que ganas un 4% y en realidad estás perdiendo un 2%, la diferencia entre lo que te dan y lo que te quitan con la inflación.

¿Promueve el Estado la inflación?. Seguramente sí, pero aunque no lo hiciera, desde luego se beneficia de ella, engañando a los inversores que compran deuda del Estado.

La Bolsa también ha engañado a muchos ahorradores. Supongamos que en un periodo da una rentabilidad del 4%. Este 4% es "de promedio". Los que tienen información privilegiada, los que entienden y los que tienen suerte ganan mucho, muchísimo más de este 4%. Esto significa que los demás, la inmensa mayoría ganan menos, o mucho menos, o incluso pierden. Poco apetecible por ello para la mayoría. Los que invierten en Bolsa se fían del director de su Banco, que "es muy buena persona" y les aconseja. ¿Entiende de Bolsa este director?. ¿Tiene como objetivo captar ahorro?. Seguro intenta aconsejar bien, pero ¿lo logra siempre?.

Lo grave de todas estas estafas es que el inversor engañado deja de ahorrar, ya no lo ve apetecible. En todo caso guarda el dinero, la peor solución pues la inflación lo deteriora.

Vemos con estos ejemplos que, para conseguir acrecentar la propensión natural a ahorrar que tenemos, necesitamos tener una inversión segura y rentable.

¿Qué inversión de tus ahorros podría ser "segura" y "rentable"?

De existir, todas estas personas, de clase media, sin suficiente información, es decir la mayoría, invertirían en ella, aunque no fuera de alta rentabilidad.

Una posible solución

Se nos ocurre una que exponemos a continuación.

Bonos del Estado que den una rentabilidad baja, por ejemplo el 2%, quién sabe si incluso menos, pero que además suba su valor con la inflación, es decir mantengan su valor. Con esta inversión sabes que nunca perderás tu capital o tu ahorro, que evitas los engaños o estafas y que te rentará, aunque sea poco.

Si estos Bonos tienen el éxito que creemos, el Estado colocaría su deuda y trataría de que no hubiera inflación que ya no le beneficia. Inicialmente nos reportaría una gran ventaja, y es que la "deuda" actualmente una gran parte en manos extranjeras pasaría a manos españolas, y esto es más seguro y estable para nuestra Nación. Nosotros estamos con una "deuda" del 60-70% del PIB mucha en manos extranjeras. Los japoneses tienen el 200% de su PIB pero toda en manos niponas. Nuestra situación es mucho más delicada.

También los Bancos podrían emitir Bonos parecidos y por competencia el interés de esta inversión se ajustaría a lo lógico. Quizá este 2% dicho, quizá menos, o quizá, en algunos, momentos incluso más. Sea poco o mucho el interés logrado, sería el real, el posible y desde luego sin engaños.

Esencial para esto que Estadística dé cifras reales, que nunca engañe. ¿Sería bueno que esta institución no perteneciera a ningún partido político? ¿Qué ningún gobierno la pudiera manipular?

Se podría hacer que dependiera directamente del Rey, encargando su gestión a personal cualificado y de diversas ideologías, lo que garantizaría mucho su buen hacer.

Es tan importante el ahorro que hay que promocionarlo. El consumo es bueno, pero sin ahorro nos hundimos.

Intentemos la inversión que preconizamos. La seguridad que te da te animará más que cualquier otro incentivo. Acabemos con las estafas, hacen un daño directo grande, a los que pican, e indirecto aún mayor, a los que escarmientan en cabeza ajena y deciden gastar y no ahorrar.

CAPÍTULO 10º

Otros colectivos a mejorar

Ya hemos tratado sobre el déficit, la deuda y el paro. También de soluciones posibles para resolver estos problemas. Hemos visto la gran mejora que tendremos todos con la supresión del paro, como mejoraremos todos nuestro nivel de vida.

Hasta este momento solo hemos estudiado el colectivo de los parados y lo importante que conseguirles trabajo puede ser para la mejora de toda la nación. Hay otros colectivos, importantes, que si les conseguimos trabajo, también nos pueden ayudar a mejorar nuestra situación aún más y que estudiaremos a continuación.

Mujeres en pueblos

Hay muchos pueblos en España, mas de 8.000, y en muchos de ellos el único o casi único trabajo es el agrícola. Este es, en su mayoría, poco propio, por duro, para la mujer. De resultas de ello, trabajan los maridos en el campo, donde son precisos, y las mujeres no encuentran, casi ninguna, trabajo posible. ¿Les gustaría trabajar? Seguro que si. Por poco sueldo que ganaran mejoraría mucho el ingreso familiar, ya que los sueldos agrícolas no son altos. Es un colectivo importante, 2 millones, 3 millones ¿Quién sabe?

Hubo un tiempo en que en los pueblos se ponían talleres de confección, como cortar y coser camisas, pantalones, etc. Colocó a muchísimas mujeres. También hacían mucho trabajo similar en sus domicilios. Aquello se acabó, perjudicando enormemente a estas mujeres, a sus familias y con ello a todo el pueblo. Menos ingresos, menos compras. Peor nivel de vida general.

¿Por qué fracasó?. Es posible que no cotizaran por seguridad social o su salario fuera menor que el mínimo, no lo sé, y al incluirlas en estos pagos, es decir normalizarlas, el coste para estas empresas las hiciera inviables, cerrando todas.

Para ver la importancia del tema, recuerdo un pueblo de 1.600 habitantes, que tenía 6 talleres de confección con casi 100 mujeres cada uno, aparte del trabajo domiciliario. Este ejemplo nos da una idea del volumen de este colectivo, deseoso de trabajar, pero que no tienen donde. Cuando cerraron estos talleres se quedaron paradas, no tenían otro trabajo posible y así siguen.

Veamos números para intentar buscar soluciones.

Si incluimos a este colectivo en el contrato propuesto para los parados, es decir los 300 € de sueldo mínimo permitido, la prima de 200 € a cargo del Estado, incluso 100 € sería ya apetecible para este fin, y con la SS en 60 € (20% de los 300 €) les quedan un mínimo de 340 € libres (o 440€ si pudiéramos llegar a los 200€ de subvención).

1ª ventaja, los 60 € que ahora cobraría la SS sería un ingreso extra para ella de 1.500 a 3.000 millones al año, pues hoy no cotizan y están ya atendidas con el sueldo del marido.

No incrementan gastos a la Seguridad Social y aumentan ingresos.

Si con nuestro sistema el Estado les completa el sueldo, posible 100 €, más deseable 200 €. Llegarían a 300 + 100 = 400 € y aunque descontaran los 60 € de SS les quedarían libres 340 €. Es muy poco, pero seguro que suficiente para que trabajaran. Representa un 30/40 % más de ingresos para su familia. Mucho más si se incluye alguna hija, madre o hermana, y esto para cualquier familia es muchísimo.

Las empresas pagarían solo 300 € con lo que podrían volver estos trabajos. ¿Cómo se hacen, hoy día estos trabajos? Unos con un coste muy superior en deterioro del precio final, otros en China.

Al poder trabajar estas mujeres de sueldo reducido se necesitarían además trabajadores a sueldo normal, que organicen, transporten, distribuyan, etc. Si esto se hace, no solo volverían estos talleres de confección sencilla, también se montarían empresas de mayor dificultad o tecnología, que con estos sueldos baratos se trasladarían a los pueblos, abaratando los productos que fabrican. Como vemos bueno para todos, pero principalmente para los pueblos que con esto podrían mantener a su población sin que se vaya a las ciudades. Qué gran logro que con esta sencilla medida, se potencien, enriquezcan y crezcan los pueblos y con ello se frene el aumento desmesurado de las ciudades, síntoma del tercer mundo.

Estas numerosas mujeres están hoy día paradas, sin ningún subsidio, y sin entrar en la cifra de parados.

Si esta medida colocara a 3 millones de mujeres, cifra posible, representaría un incremento del consumo de unos 14.000 millones.

Pobres

Es otro colectivo de muchas personas y este con características aún más graves. Con ellos el problema y las soluciones no son solo por razones económicas. Es por humanidad, por solidaridad, por justicia.

Abandonados desde siempre, debiéramos conseguir que tengan donde comer, donde dormir y buscarles un trabajo. Nada se ha hecho hasta ahora y es uno de nuestros grandes fallos. Hay que empezar por darles comida gratis y albergues donde puedan dormir, sin tener que hacerlo al aire libre o en el metro. Una ola de frío y mueren bastantes personas. Luego dicen "eran indigentes" y parece que con ello nos justificamos, como si fueran de otra especie. Que canallada. Comida y techo para ellos es más importante que las demás mejoras sociales conseguidas por los trabajadores, y que siempre nos parecen escasas, sin pensar en estos pobres, que son un problema mucho más importante.

Las tres necesidades que tenemos que cubrir a los pobres son:

Comida debe haber centros donde se pueda comer gratis. En España y ahora, Caritas hace lo que puede, pero es insuficiente. En la India, mucho más pobres que nosotros, los Sikj dan de comer a quien se presente, sin preguntar religión. Son hambrientos, pues merecen comida.

Vivienda Esencial hacer dormitorios comunes para que nadie duerma en la calle. Además debiéramos tener viviendas supersencillas y por ello baratas, para quien las desee. No serán buenas y en cuanto una familia mejora de posición la dejarán libre, buscando otra más normal o mejor. Estas viviendas deben, además de ser baratas de construir estar subvencionadas, para que sean aún más baratas. Solo irán a ellas los muy necesitados, no es agradable vivir así, en cuanto puedan se cambiarán. Muy importante sean muy sencillas, no solo por abaratar, también por animar a no enquistarse y no querer cambiarse a otras normales.

La parte humana del actual problema de los desahucios, se soluciona con estas viviendas. Ya tienen donde ir. Empeoran de casa, de zona, etc. pero al menos tienen algo. Ya mejoraran cuando encuentren trabajo.

Transporte urbano gratis solo desde luego para los que usan estas viviendas o dormitorios comunes, o sea los pobres de verdad. Estas viviendas estarán muy en el extrarradio y para ir a por comida o al trabajo necesitan transporte. Son distancias grandes.

Resueltas estas tres necesidades y con nuestro sistema de sueldos subvencionados conseguirán trabajo la mayoría de ellos y con el complemento, podrán empezar a salir de su mala situación, incluso ahorrar y capacitarse. Tendrán un sueldo y no necesitarán gastarlo en comer o dormir, al menos al principio, hasta que ahorren algo o mejoren de trabajo.

Eran muchos y ahora llegan millón y medio más, los parados que ya no tienen ninguna ayuda.

Si con nuestro sistema suprimimos la pobreza, conseguimos que todos los pobres consigan un trabajo, hacemos la labor social más importante pendiente y que está abandonada desde siempre.

Que todos puedan estudiar gratis está muy bien. Que la sanidad haga tratamientos de temas no muy necesarios, como adelgazar o implantes de mama, parece algo excesivo. Pero que al lado de estos avances tengamos abandonados a los pobres es desastroso.

Que mueran de frío o de hambre es criminal y ocurre. Que los incitemos a la delincuencia, robo, drogas, etc. terrible. Después son poco recuperables.

Es un colectivo de bastantes personas, hoy día mayor por la crisis, y que poco hacemos por ellos. CAMBIEMOS.

¿Donde hacer estos dormitorios y centros de comidas?. En todas las ciudades desde luego y además facilitándoles transporte público gratis, pues es muy posible que los sitios donde comer o dormir no estén cerca de donde trabajen. En pueblos se haría a partir de cierto número de habitantes. Los muy pequeños no pueden permitirse este nuevo gasto.

Jubilados extranjeros

Nuestras costas están llenas de estos jubilados. Creemos que esto es muy bueno para España. Su jubilación, que la paga su país de origen, la gastan aquí. Compran casa, construida por obreros y materiales españoles, pagan impuestos sobre ellas como el IBI, consumen para vivir productos españoles, pagando su IVA correspondiente. Todo muy bueno. Ayuda en este tema nuestro buen clima, buena acogida y precios baratos. Magnífico se ayude a que vengan más, se haga propaganda, se les den comodidad en gestiones y se les faciliten sus dificultades. Vemos magnífico seamos el geriático de Europa.

Puede haber un problema que habría que solucionar. Los viejos necesitan y gastan mucho más en salud que las demás personas. ¿Su coste sanitario lo paga íntegro su país? Así debiera ser, allí cotizaron para ello. Lo suyo es que unos traigan seguros que cubran este coste y a otros les pague este costo, íntegro desde luego, su país. Si por ejemplo la prótesis para la cadera no se paga en su país, exigirle al paciente que la pague él. Nunca que este gasto sea para nosotros, nos encarecería el coste sanitario total perjudicando a los españoles.

Son tres colectivos muy importantes y con buenas soluciones magníficos para mejorar España.

Por justicia el principal a resolver es el de los pobres.

Por economía y evitar masificación en ciudades, el de las mujeres en los pueblos.

Por divisas, el de los jubilados extranjeros.

CAPÍTULO 11º

Cuentas

Cifras orientativas que podrán servir de base a este estudio.

Tenemos varias cifras que los políticos tendrán de estudiar y decidir.

1ª.- Sueldo súper mínimo

Al que se permitiría contratar y que debe ser lo suficientemente bajo para que se coloquen todos los parados. Cuanto más bajo, más trabajos son posibles y por ello más personas se colocan.

2ª.- Complementos

A este sueldo se añadirían unas cantidades que pagaría el Estado para que el salario total sea lo más digno posible.

Como ejemplo sugerimos unas cifras para ver que el sistema es viable.

Sueldo supermínimo: 300 €.

Cuanto más bajo sea se podrán fabricar más productos, se podrán dar más servicios y por ello se crearán más empresas, que contratarán a más trabajadores, acabando con el paro. Creemos que los 300 € sean lo suficientemente bajo para que se creen las suficientes empresas que coloquen a todos los parados. Es un coste laboral muy bajo con el que se podrían conseguir hacer y vender multitud de productos y servicios. El pago por SS debiera ser para estos contratos subvencionados del 20% del sueldo reducido, es decir, sin contar la ayuda o subvención del Estado. Son 60 € mínimo, pues habría muchos sueldos superiores a los 300 €, que por 8 o 10 millones de personas, que estimamos podrían incorporarse al trabajo, totaliza un mínimo de 6.500 millones de €, con lo que la SS saldaría del déficit actual. Son personas que ya usan las SS, o sea no añaden costes.

Ayudas o complementos

Ya vimos que estos sueldos muy bajos tendrían un complemento del Estado. Hay dos posibles soluciones.

1ª.- Una cantidad fija.-

Darles 200 € extra aunque quizá para empezar, si todo está muy mal, fuera precisa una cantidad inferior. Veamos cómo funcionaría:

1º.- Parados con subsidio normal. Una cantidad que sumada a su sueldo, supere en 200 € su subsidio actual, mientras tengan derecho a él. Representa un trabajo, sentirse útiles y 200 € más que lo actual. Mejoran y si aún así no aceptan trabajar, no se merecen el subsidio que están cobrando.

2º.- Parados con 400 € y también mientras les corresponda. Completarles hasta 600 €, o sea los 200 € extra. Mejoran también.

3º.- Parados ya sin ninguna ayuda. Darles 200 €, además de su trabajo. Quedan con un sueldo mínimo de 500 €, más en muchos casos, pero peor están ahora sin nada y sobre todo trabajan.

4º.- Personas que no están en el paro, pero les gustaría empezar a trabajar. La misma ayuda de 200 €. Les anima a buscar un trabajo, representa 500 € mínimo contra nada. Buena ayuda a multitud de familias.

5º.- Pobres. También los 200 €, además de cama, comida y transporte gratis. Les ayudará a salir de la pobreza a la mayor parte de ellos. Algunos habrá que incluso con estas condiciones no consigan trabajo, pero al menos tendrán comida y techo.

6º.- Extranjeros. De primeras no hay que darles nada. Si aceptan un trabajo, por lo que les den, bienvenidos sean y si no que no vengan. Al cabo del tiempo si son útiles aquí y se sienten a gusto pasarán a españoles con todos sus derechos.

Veamos cuanto le cuesta al Estado esta ayuda

Parados actuales con subsidio. 100 € de ahorro mínimo, o sea a los que consigan solo de sueldo 300 €. Al subsidio actual le sumamos 200 € y le restamos los 300 € del sueldo mínimo.

Si son 5 millones de parados representa un mínimo de 6.000 millones. Será más, mucho más, pues muchos conseguirán trabajo por más cantidad de los 300 € y por cada 100 € más es un ahorro de otros 100 € al Estado. Seguro se llega a más de 10.000 millones de € de ahorro con este colectivo, el más importante a solucionar.

A los grupos 4º y 5º (personas que desean trabajar, pero no están en el paro y pobres), cuesta 200 € a cada trabajador nuevo. Si llegaran a ser 4 millones, cifra difícil de conseguir, serían 9.600 millones al año. Es la mejora social más importante y además asumible con el ahorro anterior.

Vemos con estas cifras, que con el gasto, enorme desde luego, actual no habría que aumentar en nada el coste para el Estado, que ya tenemos y lo principal resolvemos el problema del paro, el problema de las mujeres en pueblos pequeños donde no es posible colocarse y aún un logro nuevo, dar solución al problema de los pobres, tema que hasta ahora nadie ha planteado siquiera, y es quizá nuestra mayor rémora.

2ª.- Una cantidad variable.-

Es otra posibilidad, que podría consistir en darles 2/3 de la diferencia entre el sueldo conseguido y el salario mínimo. Por ejemplo una persona que consigue solo 300 € y el salario mínimo es de 640 €, la diferencia es de 340 y sus 2/3 son casi 227 €. Esta sería la subvención, con lo que ganaría en total 527 €.

Esta solución tiene la ventaja de que, en épocas mejores, se puede subir el salario mínimo sin afectar a la empresa y subiendo el subsidio al trabajador, o sea su sueldo total.

Comprobamos que esta subvención es posible.

CAPÍTULO 12º

Teoría del equilibrio

Para una nación en concreto, España por ejemplo, hay un equilibrio general que consigue lograr todos los objetivos que se relacionan con la economía. Conseguido este equilibrio, del que estamos muy distanciados, tendríamos:

Que no haya paro, que los sueldos sean los adecuados a cada persona, magnificar la eficacia de nuestros recursos, sean humanos o materiales, etc.

Para ello tendremos que ver:

Cuanto Estado precisamos, que impuestos y en que cuantías, que subvenciones o ayudas, que tipo de Bancos, cuanta formación, que calidad de "estado de bienestar", y otras muchísimas cosas más.

Si por comodidad, ideología, preferencias, egoísmos, separatismos, incluso quizá organización del Estado, nos salimos del equilibrio, este se rompe y cualquier desviación del buen camino puede dañar a quien menos podamos pensar, aunque casi siempre será a los trabajadores, sea en su sueldo, sea en que se queden sin empleo.

Es posiblemente el problema principal para los gobiernos.

En ingresos tenemos: ¿Qué impuestos mantengo? ¿Cuáles subo? ¿Bajo alguno? ¿Creo alguno nuevo? Hay impuestos que, además de recaudar, consiguen algún fin. Por ejemplo el IVA favorece el ahorro al retraer el consumo. La ORA la posibilidad de aparcar. El tabaco o el alcohol caros restringen su consumo que sabemos nocivo. Otros simplemente recaudan.

En gastos tenemos: ¿Cómo distribuyo el Presupuesto? ¿Qué gastos recorto? ¿Cuáles aumento? ¿Me paso en algo? ¿Quedo corto en otro tema?. ¿Cuál es el punto medio, el posible, el deseable?. En fin el punto del equilibrio.

Para ver cómo actúa el equilibrio de todos los temas relacionados con la economía, podemos verlo desde dos puntos diferentes.

1º.- Una nación ya está en equilibrio y hay que ver como perjudica cualquier desequilibrio que se produzca, es decir cualquier fallo. Un gasto extra hace tambalearse el equilibrio, y cuanto mayor sea, las consecuencias pueden ser mayores, incluso llegar a catastróficas.

2º.- En otra nación desequilibrada y con grandes problemas por ello, hay que ver como mejora cada vez que equilibramos algún tema. Este es siempre el caso general, pues en auténtico equilibrio, o sea que en todo hagamos lo posible, lo correcto, es tan difícil que podríamos decir imposible.

La realidad es que el equilibrio perfecto no existe en ninguna parte, los desequilibrios pueden ser en algunas naciones enormes, por ejemplo hoy día en España, y por ello lo importante es estudiar como cualquier equilibrio conquistado mejora la economía, es decir a todos, y a la vez como se perjudica a la nación, a todos, si se produce un nuevo desequilibrio.

Para mejor comprender este tema veamos casos que nos ayudan a entender mejor esta dinámica.

Estado

Ingresos, los impuestos. Gastos innumerables y la mayoría necesarios, "Estado de bienestar", Justicia, Ejercito, Obras Públicas, Gestión. En todos los gastos es posible ahorrar. Lo malo es que también podemos derrochar y lo peor, es que es muy fácil gastar de más en cualquier capítulo.

Cuanto más austero sea el Estado, menos impuestos precisa y ello incide en el beneficio de los particulares a los que permite vivir mejor, consumir más, poder ahorrar. También para las empresas, lo que les permite ganar más, poder crecer, aumentar, expandirse y con ello colocar a más trabajadores, pudiendo en condiciones óptimas acabar con el paro, como hemos intentado demostrar en este estudio.

Un buen equilibrio entre impuestos y servicios dados es esencial. Si queremos servicios excesivos, precisamos impuestos excesivos y con ello deterioro de la economía. Mejor lo bueno posible que lo muy bueno imposible de mantener.

Seguridad social

Si nuestra riqueza como nación nos permite una SS de nivel 80 y tenemos una de nivel 100, existe un desequilibrio. Es demasiado buena (aunque nunca nos parecerá sea demasiado, e incluso la querríamos mejorar), por tanto cuesta más de lo posible y nos obliga a disminuir sueldos o aumentar impuestos, con el desequilibrio que ello comporta.

La podríamos ajustar, gestionándola mejor. Haciendo hospitales más sencillos con el sistema de dos enfermos por habitación por ejemplo, salvo alguna excepción.

También ahorraríamos con dos turnos de médicos, uno por la mañana, como ahora y otro por la tarde. Esto reduciría el número preciso de hospitales, caros de hacer, a la mitad, o casi.

Reduciendo algunas prestaciones no muy precisas, que ya se está haciendo o al menos empezando. Estas reducciones no quitan calidad técnica, por ello nunca debemos tocar sueldos de profesionales, incluso sería importante incrementarlo para dar mejor servicio, poder contar con los mejores médicos del país, que es lo que deseamos. Sí podemos ahorrar en personal auxiliar, si encontramos sustitutos más baratos.

Enseñanza

Debemos tener una enseñanza primaría y secundaria de calidad, todas las personas del país, debieran ser cultas. Esto es bueno.

Que todos queramos que nuestros hijos hagan carrera importante es loable. ¿Es bueno para la nación? Esto es ya más dudoso. Si precisamos 100 ingenieros de una especialidad al año y preparamos a 200, la mitad se tendrán que ir al extranjero o colocarse en puesto inferior. Este desequilibrio es muy caro. Formar a una persona le cuesta mucho dinero al Estado, que es quien paga la mayor parte de esta educación. Dilema, quitar presupuesto de otras áreas o aumentar impuestos. Mal las dos soluciones. No seamos una fábrica de licenciados sobrantes. Hay que intentar adecuar las personas que hacen una carrera con las necesidades que tengamos.

Una nación necesita a muchas personas con oficios o en tareas auxiliares, no todos tienen que ser universitarios. Llegara o quizá ya ha llegado el día en que no haya excesivas diferencias entre el sueldo de un fontanero y el de un ingeniero, y entonces cada uno irá al puesto más idóneo para su capacidad o afición.

Jubilados

La edad de las personas se alarga, cada vez vivimos más años, lo que nos agrada. Tenemos además una tasa de natalidad de las más bajas del mundo, por ello en un próximo futuro habrá cada vez más viejos a cobrar por trabajador activo a pagar. Esto hace que el gasto en jubilados será mayor y habrá menos trabajadores a cotizar, aunque parte de esta baja natalidad se ha solucionado con la venida de extranjeros, jóvenes en general y mucho más prolíficos. Para asumir este gasto en jubilados tenemos varias opciones.

1ª.- Disminuir el subsidio de jubilación. Muy desagradable para los jubilados. Parece una estafa.

2ª.- Cotizar más dinero para este tema. Encarece el coste salarial, perjudicando a la economía. Es el impuesto más dañino para la creación de empleo. Que un administrativo pague un tercio de su sueldo para la SS es excesivo. Desde luego este pago se hace entre la empresa y el trabajador, tontería a suprimir, pues todo el pago sale de la empresa y da lo mismo lo pague sólo la empresa o que le dé el sueldo íntegro al trabajador y lo pague él. Importantísimo poder reducir este gasto, que incide de manera grave en los costos del trabajo. De todos los impuestos, el más interesante a reducir, cuando se pueda, es la cotización a la SS. Es el que más favorece la creación de empleo.

3ª.- Que el Estado pague parte de este gasto. Equivale a elevar otros impuestos y quizá sea buena solución, pues beneficia la reducción de costes salariales y esta es la principal ayuda para la creación de empleo. Solución sólo posible con un estado austero, que no necesite demasiados impuestos para su funcionamiento y le quede dinero para esta ayuda.

4ª.- Empezar antes a trabajar y cotizar, para aumentar años de cotización y con ello ingresos. No dilatar mucho tiempo con estudios innecesarios, ayuda a empezar antes a cotizar.

5ª.- Retrasar la edad de jubilación. Esta fórmula tiene dos ventajas, se consiguen aumentar los ingresos y se disminuyen mucho los gastos. Entre 65 y 68 años hay muchas más personas, que por morirse dejarían de cobrar jubilación, que entre 90 y 93 por ello el % de jubilados que reducimos al subir la edad a los 68 será grande.

¿Cuál será el equilibrio deseado?. Desde luego hay que buscarlo.

Ejército

En Ejército y Embajadas tenemos dos opciones, la primera creernos que somos importantes y seguir gastando tanto como ahora. La segunda reducir.

De siempre y por las necesidades de defensa o de expansión las naciones han tenido mucho ejército. ¿Es hoy día preciso?. No para la defensa, ya no es fácil nos ataque nadie. No para el orden interior, y esto es doble, primero, los "golpes de estado" casi siempre los daba el ejército y segundo desde la magnífica bufonada de Tejero nos hemos curado de este peligro.

Tampoco se ve muy necesario para ayuda al exterior. ¿Han servido de algo las ayudas a Afganistán, Irak, Líbano, y hace poco Libia, donde quien sabe si la solución no será peor que la enfermedad? Puede que alguna haya sido útil, todas seguro que no. En todas estas "misiones", incluso con el beneplácito de la ONU, nunca sabes si ayudas al bueno o al malo. Si serán beneficiosas o perjudiciales. Dejémoslas, incluso aunque nos fuercen. Al menos ahorraremos dinero. Además, ahora somos una nación pobre y no podemos gastar en estas cosas. Tenemos un magnífico pretexto para negarnos a ir a ellas, al menos dilatar algunos años "ayudar" en este espinoso tema.

Embajadas

Algunas, quizá muchas, son precisas. Otras, bastantes, se podrían suprimir, en otras se podría reducir personal, edificios lujosos y sueldos. No somos lo que fuimos, una gran nación. Hoy no precisamos tanto lujo. Aquí cabe mucha reducción y ahorro. Ya no somos una nación importante. Seamos humildes, al menos sensatos.

Televisiones públicas

¿Son precisas? Su costo es enorme y se tendría que prescindir de TODAS ellas. La información que queramos ya nos la darán las privadas, con la ventaja de que emitirán lo que deseamos ver, no lo que fulanito considera útil, interesante o instructivo. Este señor puede adoctrinarnos, tarea muy nociva. También y con toda su buena intención si se encontrara personal ecuánime, equivocarse y darnos programas absurdos, o muy buenos pero que nadie vería, es decir inútiles para lo que cuestan. Podrían ser incluso dañinos. Muchos programas instructivos pueden ser hoy absurdos, aún siendo muy buenos, y ser útiles cuando estemos más formados. Son prematuros y ya sabemos que en este caso es mejor esperar a su momento.

Ferrocarril

¿Puede nuestra Nación tener más Km de alta velocidad que ninguna otra?. Solo nos gana en Km China. Enorme despilfarro. Nunca debimos meternos en esas ingentes inversiones. Mejorar lo que teníamos si, completar algún recorrido también, suprimir otros desde luego. También se deben privatizar los trenes. No las vías, igual que las carreteras deben ser un servicio público. RENFE funciona muy bien, pero si privatizamos tendremos mejor servicio, más barato y además ingresos por las concesiones. Aquí el equilibrio es, vías para el Estado, trenes privados. Parece ser que algo se está haciendo ya.

Que las vías sean públicas no obsta a que si una empresa pide hacer un trayecto nuevo por creer será rentable, se le dé autorización y 30, 40 o más años de uso y que luego revierta al Estado. Similar a las autopistas de peaje.

Empresas públicas

En este tema es fácil buscar el equilibrio. Las que produzcan más barato que las privadas que sigan, las otras que cierren. ¿Qué no queda ninguna pública? Por algo será. Al empezar sería interesante intentar vender las que se puedan. Si se saca algo, bien venido sea. Las que no se puedan vender, al menos al cerrarlas nos ahorran mucho dinero.

Equilibrio general

Para conseguir buenos sueldos, acompañados de buena sanidad, educación, jubilación, etc. los países han intentado inventar formas. En una época fueron los aranceles, para que sus empresas ganaran dinero. También prohibir o dificultar la inmigración, para evitar competencias en los sueldos y con ello rebajas.

Posteriormente se fueron suprimiendo algunas de estas prácticas. Se quitaron o redujeron los aranceles, se permitió importar en cantidades grandes y esto beneficiaba al público al reducirse los precios de sus compras. También se redujeron las dificultades al movimiento de trabajadores, con beneficio para las empresas que contratarán a menor precio a estos trabajadores. Todo ello parece bueno y de hecho debe ser bueno, pero crea problemas cada vez más difíciles de resolver. Las naciones más desarrolladas, consiguieron sus objetivos, es decir mantener todas estas libertades sin rebajar sueldos, a base de innovación y tecnología. Inventaron productos nuevos, que aún no tenían competencia para sustituir los tradicionales ya imposibles de fabricar con nuestros sueldos altos en competencia con los producidos por los países emergentes, igualmente de buenos que los nuestros, pero mucho más baratos por los sueldos bajos.

El problema es que inventar productos nuevos también lo pueden hacer ellos, que copiarnos los nuestros es cada vez más fácil y rápido. Es una carrera de no muy largo recorrido. En un Mundo globalizado, la competencia es atroz y la dificultad para mantener sueldos altos en tu nación, es cada vez más difícil. Aquí vemos que lo difícil es mantener sueldos altos aquí, estando bajos allí. Al hablar de sueldos, englobamos todo lo que tiene relación con ellos. Sueldo percibido, beneficios en sanidad gratuita, enseñanza muy subvencionada, horarios de trabajo no muy altos, buena jubilación, etc.

Sueldos

Este es el tema principal

Dejemos a un lado sueldos especiales, como los de un gran directivo o los de un jugador de futbol o un actor.

Tratemos de sueldos mínimos o medios, de nivel de sueldos. Si para cualquier actividad faltan operarios sube el sueldo por competencia. Si sobran, baja por demasiada oferta. En un sector, si sobra gente, si hay parados, baja el sueldo. Por ejemplo la entrada de extranjeros reduce sueldos, es más oferta.

Si los sueldos son bajos se contrata a más trabajadores. Con sueldos altos habrá empresas que sustituyan número de trabajadores con máquinas caras y se producen despidos. Si los sueldos fueran más bajos no comprarían muchas veces estas costosas máquinas.

El problema, a nivel mundial, es el crecimiento desmesurado de la población. Se calcula que ya estamos en 7.000 millones. Si un país tiene mucho exceso de población, tendrá sueldos bajos y podrá hacer productos baratos, incluso muy buenos, con los que no podremos competir.

Aquí se ve clara la tendencia, el futuro. Nos guste o no es ir a sueldos moderados. Con los sueldos altos actuales no podemos competir con las naciones emergentes. Naciones como España pueden conseguir, como demostramos en nuestro estudio, tener sueldos muy bajos, competitivos, y ayudas del Estado a estos trabajadores para vivir bien, al menos lo mejor posible. Llegar a este equilibrio entre tener dinero para subvencionar el trabajo y no aumentar impuestos obliga a un Estado austero.

Que el futuro tiende a sueldos bajos es bastante obvio. Cada vez hay más población en el Mundo, también más posibilidad de exportaciones, incluso más facilidad para emigrar. Que con un Estado austero podemos ayudar a completar sueldos lo vemos viable en España, al ser una Nación rica. Es uno de los temas más trascendentales en la economía y en la política de un país.

¿Por qué podemos pagar este subsidio en España y otras muchas naciones del primer mundo y no es posible en las del tercer mundo?. Por una razón muy clara, por el ahorro de nuestros padres, gracias al cual tenemos ya hechas las infraestructuras más importantes. Al no tener el Estado que gastar mucho dinero en estas infraestructuras puede dedicarlo a estas subvenciones, además de todos sus otros gastos.

RESUMEN DEL ESTUDIO

Las naciones ricas tienen un gran problema. Sueldos cada vez más altos. Funcionarios (necesarios pero que no producen) en número creciente. Sanidad cada vez mejor, que cubre a más personas y más especialidades. Enseñanza cada vez mejor con exceso de titulados. Cada vez más jubilados, por vivir más tiempo.

España tiene además, un sistema de autonomías caro y mucha facilidad de estas para endeudarse cosa que también hacen los pueblos y las ciudades.

En estas condiciones tenemos que competir en el mundo, con las economías de los países emergentes, de muy pocos costes. Son además naciones cada vez más preparadas técnicamente.

España tiene la ventaja de que últimamente ha tenido tanto despilfarro que hay mucho posible de recortar.

Por todo ello, nuestro estudio propone ideas para acabar con el paro, poder ahorrar y mejorar la eficacia de nuestros factores productivos.

Interesantes las ideas de que debemos tener los servicios que precisemos, que no debemos pasarnos en ninguno. Que ya no somos una nación importante. Que no es época de gastar en cosas poco útiles.

ANEXO 1º

La energía

Hoy día solo tenemos dos fuentes de energía. La que proviene del sol y la nuclear. Se está estudiando la de fisión, aunque va muy atrasada.

La que proviene del sol la podemos dividir en varias más. La de reserva o acumulación, como la leña, energía solar transformada por las plantas, el carbón, que proviene de residuos vegetales y lo mismo el petróleo.

Leña

Muy abundante en sus orígenes, con un mundo poco poblado. Se abusó de su uso y se desertizaron grandes superficies de terrenos. No se debiera usar nada, o muy poca para energía, tiene otras aplicaciones más interesantes y la energía que podría producir es escasa. Es preciso conservar e incluso acrecentar la cantidad de árboles. Problema grave en países subdesarrollados. Desechada como fuente de energía.

Biocombustibles

Un absurdo que ha surgido hace poco, con unos cereales baratos que la hacían posible, sobretodo en USA.

Con una población de 7.000 millones de personas, en rápido crecimiento, y a punto de tener escasez de alimentos, es absurdo pensar que podemos usar cereales u otros alimentos o productos vegetales para combustible. Futuro nulo, desechada también.

Carbón

Trabajoso y difícil de extraer, bastante contaminante, pero lo principal, es un bien escaso. Se acabará. Ha sido una fuente de energía mucho tiempo, lo sigue siendo, pero ¿Podrá ser la energía del futuro?. Claramente no.

Petróleo

Similar en su origen al carbón. También es un bien escaso. Es la principal fuente de energía actual. Cada vez gastamos mayor cantidad, acercando su fin. Se acabará. Otro problema de gastarlo en energía es que tiene otros muchos fines posibles, pues a partir de él se pueden hacer muchas cosas. Estas posibilidades animan aún más a conservarlo para fines mejores. No lo quememos.

Viento

Hace muchos años se está usando (pensemos en los molinos holandeses y su copia en España para los célebres molinos de D.Quijote) son los llamados molinillos para producir energía. Es la llamada eólica. Siempre ha sido cara. Su uso cada vez mayor, debido a las altas subvenciones dadas, ha hecho se mejore mucho su tecnología y la energía producida se va abaratando. Estas subvenciones han sido útiles, han permitido una gran investigación y un importante abaratamiento de la energía producida. Parece que en poco tiempo se acerque su precio a la producida con petróleo.

Tienen un gran problema. Su producción es muy variable, pues dependen del viento, nulo a veces, fuerte en otras ocasiones. Debido a ello nunca podrán ser la principal energía. Las eléctricas admiten bien hasta un 15% de esta procedencia. Más cantidad les complica tanto que se niegan o dificultan su compra.

Fotovoltaica

Es una idea interesante, usar directamente la luz solar para producir energía. Bien se subvencionen, para mejorar su tecnología, pero hoy día son carísimas. No podemos contar con ellas, quitando consumos puntuales.

Termosolares

Consiste en una serie de espejos que concentran la luz en un punto, donde calientan un gas a enormes temperaturas. Es también de un coste prohibitivo.

Otras

Se ha intentado calentar con invernaderos aire y que salga por un tubo muy alto con turbinas que aprovechen la velocidad del aire al salir y produzcan energía. Se han efectuado pruebas con chimeneas de 200 m sin éxito y se querían probar hasta de 1.000m. Hasta ahora, sin éxito. Parece se abandonó el sistema. También se intentan aprovechar las mareas, e incluso el movimiento del mar. Hasta ahora con muy poco éxito.

En general todas estas posibles energías, aunque mejoren mucho nunca podrán sustituir al petróleo. Pensar en ello es de ilusos. Muy bien subvencionemos, muy bien investiguemos, pero muy mal si confiamos sean la solución general.

Alimentos

En un mundo que aumenta su población un 68% en los 100 años penúltimos y en 406% en los últimos 100, se ve como cercana la escasez de alimentos. La tierra cultivable se puede aumentar algo, pero no mucho. ¿Podemos dedicar parte de ella a las energías?. La eólica hace poco daño, se suelen poner los molinos en cerros poco fértiles. Muy peligroso dedicar tierras cultivables a biocombustibles, fotovoltaicas o termosolares.

Resumen

La única solución viable para el futuro, nos guste o no, es la energía nuclear. El coste es de unos 14 € por KWH. Muy bajo si se compara con el petróleo de 70 € por KWH. Es un costo reducido y esto es esencial para vivir mejor. Si se permiten en todos los países, si se construyen muchas, tendremos la ventaja de que cada vez serán más seguras y más baratas. ¿Son peligrosas? Si. ¿Demasiado? No. Quitando Chernóvil con tecnología bastante deficiente y ahora Japón por un tsunami y sin casi muertos o contaminados, prácticamente no ha pasado nada en 30 o 40 años.

España

Hoy, gracias al parón nuclear, tenemos una energía muy cara, de unos 85 € por KWH, casi doble que Francia, y para colmo con una gran dependencia del exterior al no tener petróleo. De haber seguido con las centrales nucleares, teníamos ya 4 en construcción muy avanzada, 7 a punto de empezar y 4 más en proyecto (Serían suficientes, de haberse terminado, para tener el mismo % de energía barata que hoy tiene Francia). Perdimos el gasto realizado por las eléctricas, muy importante y que estamos teniendo que pagar ahora. La energía nuclear vale unos 14 € por MGH y estamos pagando 85 € que subirá aún más al cerrar las nucleares existentes.

Futuro

Hoy nuestra energía es el petróleo que se acabará. Luego pasaremos a las nucleares que consumen uranio. También se acabará. A continuación descubriremos otros elementos que puedan sustituir al uranio y que también se acabarán. Hasta que esto llegue pasarán muchos, muchísimos años, quizá 100 años, quizá 500 pero ese es el futuro.

Solución

La energía de fisión. Esta es posible no se acabe nunca. Ya estamos investigando y esperemos se consiga a tiempo. De no conseguirla llegaremos a tiempos con una enorme reducción de energía con grandes subidas de precios, producción de energías muy caras que ya serán rentables y descenso importante del nivel de vida al ser la energía tan cara.

ANEXO 2º

Educación

Proponemos unas ideas que pueden favorecer el tema enseñanza

Una idea básica es que un profesor enseñe y otro examine.

Esto será de aplicación desde los 10 a 12 años en adelante. Los menores no necesitan tanta complicación y pasarán curso normalmente.

Profesor

Como su función es enseñar se dedicará en exclusiva a ello. Puede no pasar lista, que vaya quien quiera. Primera ventaja por el ahorro de tiempo al no pasar lista. El que no va a clase suspenderá, pues no aprende, es su problema. Al alumno que no se comporte bien con echarlo de clase ese día, solucionado. Debe hacer exámenes parciales, incluso numerosos y dar notas, que solo servirán para que el alumno comprenda como va, piense en lo que ocurrirá en su examen final, que es el que vale, el que cuenta. Estas notas son solo orientativas.

También sería muy interesante, que en el centro donde pueda haber, por el número de alumnos, varios profesores de la asignatura, los alumnos elijan al profesor que más les guste. Siempre elegirán al que crean o comprueben les enseña mejor, siendo esto un estímulo al buen profesor. Quizá incluso se debiera premiar económicamente al profesor que más alumnos consiga. Puesto que ningún profesor puede beneficiar a un alumno con algo distinto a enseñarle bien, lo único que valorará el alumno es que le enseñen, que aprenda, que se lo hagan fácil, que se lo expliquen sencillo.

Un profesor con mucho éxito de alumnos, puede incluso dar dos o más clases, con las ayudas de los profesores auxiliares que precise. Esto le dará mayores ingresos y habrá más alumnos contentos de que les enseñe él o su equipo. El profesor titular se hará cargo de las clases o materias que vea más interesantes o difíciles y suplirá la falta de algún auxiliar que falte, para que no quede nunca una clase sin profesor.

También sería un acicate para forzarse en enseñar bien, principalmente a los profesores más flojos o menos capaces, que ven se quedan cortos de alumnos. Muy posible que si hay algún profesor poco capaz lo deje y se dedique a otra cosa, y esto es muy bueno. Es premiar al bueno y deshacerse del malo, mejorando la enseñanza.

¿Cómo elegirá el director del colegio a sus profesores? De primeras por pruebas, oposiciones, entrevistas, luego por éxitos, manteniendo al bueno y prescindiendo del malo.

Examinadores:

Serán otros profesores especializados en examinar, en comprobar los conocimientos del alumno. Es posible sea interesante que los alumnos acudan a otro centro donde les examinen. Evita el contacto de profesor con examinador y dificulta la posible recomendación. Ser También hace más cómoda y sencilla la labor del examinador. Puede disponer de máquinas que le ayuden a corregir, como tarjetas perforadas, ordenadores, etc.

Los examinadores no pueden examinar a todos en los meses de junio y septiembre. Primero no tienen tiempo, tendrían que ser demasiado numerosos y segundo, el resto del año no tendrían función.

Una buena solución sería hacer cursos continuos con vacaciones de 15 de junio a 15 de septiembre, por ejemplo y que cada mes les toque exámenes de una asignatura. Por ejemplo, Matemáticas de 1º, en octubre, que las has estudiado desde el octubre anterior. Lengua en noviembre, etc. Cada colegio tendrá sus exámenes de cada asignatura el mes que le corresponda y los examinadores tendrán todo su tiempo ocupado. De una asignatura en octubre examinan al colegio o grupo tal, en noviembre, del mismo tema, a otro colegio o grupo. Desde luego las preguntas serán distintas para evitar posibles copias.

Los examinadores, deben ser funcionarios del Estado Central para unificar criterios, para unir y no para separar. Los profesores pueden ser de las autonomías, su labor es enseñar. Nunca debiera ser adoctrinar.

Suprimir libros de texto.

¿Son precisos?. Hoy día con la informática se puede prescindir de ellos. Ahorramos dinero a las familias. Peso en las mochilas de los niños. Gasto en hacer estos libros. Desde luego quitamos beneficios a las empresas que los hacen. No hay problema, que editen otros libros, y si solo saben hacer libros de texto que cierren, ya no son precisas. También suprimimos posibles favoritismos, económicos o ideológicos.

El profesor tendrá unos apuntes, de los que enviará cada día, por e-mail la lección que corresponde para estudiarla. El alumno que lo desee se la puede llevar en fotocopia. Cada profesor irá mejorando o completando estos apuntes todos los años y el profesor nuevo, usará al empezar, los apuntes del profesor anterior u otros que ya existan si los prefiere.

Habrá lecciones que se puedan proyectar en pantalla y que no precisen la presencia real de ningún profesor ese día.

Para algunos temas se alquilarán programas informáticos de estudio, que no serán caros, al ser muy usados. Digo alquilar, pues si nos ofrecen programas mejorados, dejaremos el antiguo. Si hacer estos programas es rentable, se harán y serán cada vez mejores.

En enseñanza, en educación tenemos un dilema.

1º.- La enseñanza, la educación, si queremos sea buena, es cara. Como también aquí debemos ahorrar, debemos buscar soluciones.

2º.- El sueldo de los profesores o catedráticos es muy bajo. Dada su importancia debieran ser los funcionarios mejor pagados.

¿Cómo resolver este gran problema?

Se nos ocurren algunas ideas que quizá sirvieran para conseguirlo.

1ª.- Los profesores deben cobrar, desde ya, un 50% más de lo que cobran hoy y dar 30 horas de clase, en vez de las 20 actuales. Con ello no se encarece el servicio. Menos profesores y mejor pagados.

2ª.- En cuanto las finanzas del país lo consientan se les subirá el sueldo aun más de este 50% inicial. Es esencial sea la profesión más apetecible por sueldo y sobretodo que nadie con vocación de enseñar se vaya a otras profesiones por tema dinero.

3ª.- Para hacer viables las 30 horas lectivas, cada profesor tendrá 4 o 5 profesores auxiliares que den algunas clases por él, permitiéndole, con ello, tiempo libre para sus otras tareas. Estos ayudantes los obtendremos de muy diversas formas. Los primeros a seleccionar para estos puestos serán los que salgan gratis. Jubilados que deseen dar algunas clases. Ejecutivos que puedan sustraer algún tiempo de su trabajo para este honorífico fin. Otros voluntarios. Después los que cuesten poco. Estudiantes de cursos superiores a los que habrá que pagar algo, tendrán que ser de los mejores para que no les perjudique perderse alguna de sus clases y además sean muy útiles aquí. Otras clases de voluntarios, cobrando un poco, o con los sueldos bajos subvencionados que preconizamos para los parados. Que mejor empleo para un parado, si sirve para esto, que enseñar, al menos hasta que encuentre otro trabajo mejor remunerado o que le guste más.

Asignaturas.

¿Qué asignaturas impartimos?. Desde luego no serán siempre las mismas. Habrá alguna que se quede obsoleta y haya que suprimir y otra nueva a incluir. Será un conjunto algo variable con el tiempo.

¿Quién lo decide?. Desde luego el Estado Central, intentando consensuarlo con la oposición y con el consejo de los profesores, empresarios, en fin de cualquiera que pueda aportar ideas útiles. Es una decisión que no se puede transferir a las Autonomías y que en cada zona se estudie una Historia o Geografía diferente.

Habrá muchas asignaturas de fácil consenso. Matemáticas, Informática, Física, Química. Otras un poco más politizadas, como Literatura, en que se pueden recomendar unos libros de lectura u otros. Cada partido puede vetar los que crea le perjudican y quedarán muchos inocuos perfectamente útiles para aprender.

Habrá otras, como Educación para la Ciudadanía, que pueden tener una profunda tendencia ideológica. La signatura es buena en si, nos enseña a comportarnos bien con otras personas, a conocer nuestra Constitución, nuestras reglas de convivencia, etc. Con quitarle su carga ideológica queda perfecta, y el que mejor la puede quitar es el partido de la oposición.

Hay otra, interesante pero posiblemente conflictiva, que es la Historia de las Ideologías. Diferencias entre monarquía y república, clases de repúblicas, elecciones con sus sistemas electorales. Ideología liberal, comunista o socialista. Aquí es más difícil el consenso, pero siempre será posible cediendo todos un poco en sus preferencias.

Autonomías

Podrán añadir asignaturas, por ejemplo el idioma, profundizar en su historia o geografía, o es sus logros más especiales, pero no serán tema en los exámenes finales. Si no queremos disgregar España, es esencial conozcamos perfectamente bien nuestro idioma común, estudiar en él. Esto nos permitirá cambios de residencia sin problemas. Tener trabajadores de cualquier procedencia y vender nuestros productos en cualquier rincón de España sin ningún problema añadido.

En resumen,

Mejorar la enseñanza por la calidad de los profesores, por la competencia en atraerse alumnos y poder pagar sueldos altos, compensando este mayor gasto con auxiliares muy baratos, y si es preciso, asignando los recursos necesarios para este fin en los Presupuestos del Estado.

ANEXO 3º

Pueblos

Tiene España unos 8.000 pueblos, algunos muy pequeños, incluso uno de 14 habitantes. Esto representa un gasto enorme y muchas complicaciones y abusos.

Podría ser una solución dividir el territorio en comarcas. En cada una de ellas, y en el pueblo principal, que haría de capital, tendríamos un alcalde y un interventor, figura clave del sistema. En los demás pueblos un teniente de alcalde que depende del alcalde principal, puesto que este lo es para toda la comarca.

Comarca:

Un mínimo de tres por provincia y un máximo a fijar que podría ser de 10. El pueblo principal de la comarca hará de capital y su alcalde regirá toda la comarca. Este sistema reduciría los pueblos, al menos en sus gastos, a comarcas y estas podrían ser unas 300 o quizá menos. Un gran ahorro y mucho más fácil de conseguir acuerdos o políticas comunes, en fin de funcionar.

Alcalde:

Elección cada 4 años, personal o nominal entre todos los candidatos. Puede pertenecer a cualquier partido o ser independiente. Es más fácil elegir al que se conoce, habrá menos errores o chascos. Incluso los partidos políticos presentarán al candidato más preparado y conocido, al mejor, para intentar lo voten también los independientes, los indecisos e incluso algunas personas de la oposición. Recordemos al alcalde socialista de la Coruña, Paco Vázquez. Dedicación plena. Sueldo importante, según número de habitantes y riqueza de la comarca. Con unos límites fijados por el Estado. Mandará hacer los presupuestos de la comarca y de su pueblo y aconsejará y aprobará los presupuestos de los demás pueblos de su comarca.

Interventor

Persona con título universitario, buenos conocimientos de derecho y economía, ganando el puesto por oposición, es decir será por obligación funcionario. Puede empezar sus funciones en las comarcas más pobres o alejadas y por ello con sueldo menor y ascender a mejores comarcas por años y méritos. Similar a como funcionan hoy los Notarios o Registradores, con las mejoras que se introduzcan. Es el puesto clave de la reforma que intentamos. Dará el visto bueno a los presupuestos de la comarca, explicará si es legal, si es económicamente viable. También los de cada pueblo de su comarca.

Arquitecto municipal

Puede ser una persona física o encargar el trabajo a personal independiente. Depende del trabajo a hacer. Será para toda la comarca y podrá conseguir no se construyan absurdos.

Tenientes de Alcalde

Cada pueblo tendrá el suyo. Dependerán del Alcalde de la comarca. También serán elegidos nominalmente y tendrán un sueldo reducido, según habitantes y riqueza, con gastos pagados y siguiendo con su ocupación anterior.

Concejales

Elegidos nominalmente y actuarán como un consejo de administración, es decir con reuniones periódicas, para controlar, vigilar y aconsejar. Sin sueldo, pues es un cargo honorífico y pensamos muy apetecible entre los vecinos. Su número puede variar, según el número de habitantes, entre 5 y 15 por ejemplo. Deben actuar como la voz sensata y desinteresada del pueblo.

Funcionarios

Todas las demás personas que trabajen para los ayuntamientos tendrán que ser funcionarios, es decir ganando el puesto por oposición. Desde jefes de sección hasta barrenderos o guardias municipales. Inadmisible nombrar a dedo.

Gestión

Muy superior a la actual, con un Interventor que conoce lo que se puede hacer, un Arquitecto que aprobará y aconsejará en las obras. Unos concejales que mirarán exclusivamente por el bien de su pueblo. Unas infraestructuras comunes, como carreteras, caminos, bibliotecas, centros para ancianos, guarderías, hospi

ANEXO 4º

Problema del agua

Informe chubasco

Es un grave problema a nivel mundial. Muy importante también en nuestra nación, por la escasez crónica de lluvias, al menos en el sur y en el centro. Tenemos la ventaja sobre otras muchísimas naciones, que nosotros tenemos solución.

Es un problema para nosotros natural, llueve poco, pero las soluciones tienen un matiz político, que no debiera existir. Vamos a estudiar la falta de agua, para que se precisa, si su consumo será creciente, agravando el problema, qué soluciones existen.

Empecemos con un cuento o posible utopía para entrar en materia:

Cuento para pensar

Érase un país con clima bastante seco pero que tenía un río importante que lo atravesaba. Con lluvia de 400 mm/m2 (semiárido) una longitud de unos 500 Km y anchura promedio de 200 Km. Son 100.000 Km2 o 10 millones de Ha. Esta lluvia de 400 ls/m2 sumaría unos 40 mil Hm3 caídos en el año. Un Hm3 es un cubo de 100 m por 100 m de lado y 100 m de alto. Mucha agua. Gran parte de esta agua la aprovechan los cultivos de secano, los pastos y los montes, otra parte se evapora y este total se llama evapotranspiración, otra parte se la traga el terreno y el resto corre por arroyos y riachuelos hasta llegar a nuestro gran río.

La que se traga el terreno llena acuíferos (pequeños depósitos rodeados de tierra impermeable) y estos, una vez llenos se desbordan llenando otros acuíferos o fluyen por fuentes que al final también van al río. ¿Cuánta acaba en el río? Desconozco esta cifra, pero seguro que es superior al 20% y esto representa un mínimo de 8 mil Hm3. Mucha agua. El resto se evapora.

Los nativos, gente emprendedora, comprenden la utilidad del agua y hacen pantanos para poder regar parte de sus tierras. La mayor riqueza conseguida al aumentar sus cosechas les anima a seguir haciendo presas y más presas, incluso pequeñas hasta que ya es imposible hacer más. Han aprovechado a tope sus posibilidades. Cada presa riega una comarca, pero alguna de ellas es insuficiente para los terrenos que podría regar.

Entonces llega la 2ª fase. Supongamos consiguen energía barata y bombean agua a las presas deficitarias de otras mas abajo con caudal sobrado o incluso desde el mismo río. Llegan incluso, para lograr mas agua a hacer una presa cerca de la desembocadura que impide salga agua al mar. Toda la que llega a esta última presa es bombeada a otras mas arriba.

El país se enriquece con tanto regadío, crece, cada vez hay mas ciudades y estas cada vez necesitan mas agua. Son industriosos y también las fábricas se incrementan, precisando también cada vez mas agua.

Aprovechar totalmente el agua del río es imposible. La que se tragan los regadíos vuelve, como vimos al río y puede llegar un momento en que todo el terreno de secano esté de riego. La lluvia sigue cayendo y son otros 40.000 Hm3 cada año. Si seguimos subiendo agua a embalses mas elevados, podremos suministrar con holgura a nuestras ciudades, después a nuestras industrias, después a los regadíos, que podrían llegan a ser todos los terrenos cultivados y como quizá sobre agua podemos empezar a regar los pastos y los montes, todo es cuestión del coste de esta agua, y aún así seguirá llegando agua al mar. Si a este sobrante podemos sacarle más beneficio vendiéndoselo a otros países en vez de regar pastos o montes lo haremos. Sabemos que mucha agua de la usada para riego se la traga el terreno y acaba llegando al río.

Pensemos es una superficie donde caen 40.000 Hm3 al año y no sale nada o al menos lo intentamos.

Cada año será nuestro país más húmedo, a pesar de ser en un principio y con solo 400 ls/m2 semiárido.

Cada vez tendremos mas humedales, mas regadíos, mas fresco en verano por la evaporación de agua, mas producción, de la que vendemos el sobrante, mas riqueza por tanto, etc.

Toda el agua que se evapora de los pantanos, de los ríos, de la tierra, la que traspiran las plantas y árboles crea nubes y estas lluvias. Parte de estas nubes se irán a otras tierras, pero el resto se quedará aquí. Muy probable que los 400 ls/m2 iniciales aumenten y quizá bastante.

Pensemos en las enormes lluvias que caen en la Amazonia. ¿Vienen del Pacífico atravesando los altísimos Andes? Parte si. ¿Del Atlántico recorriendo miles de Km? Parte también. Pero seguro que mucha parte viene del agua que se evapora y vuelve a llover.

Supongamos nos gusta la idea para España y conseguimos que nuestros ríos lleguen al mar casi secos. Que se vaya poca agua de nuestras lluvias. ¿Tendríamos escasez? Seguro que no, sobraría.

La idea básica de este cuento es factible y con energía barata y grandes obras es posible y deseable. Da que pensar, sobre todo ahora que vamos conociendo el valor del agua, su escasez y su necesidad enormemente creciente.

NECESIDAD DE AGUA

Empezamos a darnos cuenta de que el agua es un bien escaso. En todo el Mundo. Hay mucha, mas que suficiente, pero útil para el hombre no tanta.

Cada vez somos mas habitantes en el Mundo y cada vez consumimos mas agua por habitante.

Sabemos que cada vez usamos mas agua. Nuestras necesidades crecen y deprisa conforme sube el nivel de vida. Nos lavamos mas, ducha diaria o mas frecuente, incluso baño, usamos lavadoras y lavaplatos, en cuanto podemos tenemos jardín y piscina, etc. Las ciudades ahora se riegan más. En las carreteras hay vegetación de riego en la mediana. Además la población crece. Que oscuro se ve el problema de la escasez de agua y lo interesante es que no hay problema en España, para el consumo humano, o este es pequeño y en todo caso a muy larguísimo plazo.

Hemos leído que el consumo humano en España es solo del 10 al 12% del consumo total. Admitamos incluso el 15%. Que parte tan reducida.

Aún así habrá ciudades en que falte agua, incluso como problema grave. Traerla de otros sitios con conducciones, trasvases, incluso del mar con desaladoras, no parece demasiado complicado, ni demasiado caro, no sería un caudal importante. Además incrementar el costo del agua un poco para pagar estas inversiones no sería prohibitivo. Es un coste relativamente reducido.

Viendo el problema con estos datos parece absurdo que casi nos fuercen a ahorrar agua, que no nos dejen cambiar el agua de la piscina, que se cierren las fuentes de la ciudad, que casi sea un delito proponer nuevos campos de golf. Bien que el recibo sea creciente y pague más el que más gaste. Los consumos nuevos se consiguen con aguas más caras de traer. Pero se pueden traer y se deben traer. Es problema de los Ayuntamientos y en parte del Gobierno, pero soluble, al menos en España.

Toda el agua que malgastemos en usos caseros, incluso la de jardines, campos de golf, etc. se la traga el terreno y acaba de nuevo en los ríos o se evapora y promueve nuevas lluvias. Con este derroche perdemos agua, pero no toda. Mucha se recupera, perdemos energía, pues el agua que se traga el terreno habrá que subirla a cotas superiores para volver a usarla.

CICLO DEL AGUA

Cae a la tierra con la lluvia y nieve, parte la usan las plantas y árboles, otra discurre hasta arroyos y ríos, otra se la traga el terreno y el resto se evapora.

La usada por las plantas queda en ellas en una pequeñísima cantidad y el resto se evapora. Junto con la que se evapora directamente del suelo es la que llamamos evapotranspiración, y no toda se pierde, mucha vuelve a caernos en forma de nuevas lluvias. La que se traga el terreno nunca se pierde, llenará acuíferos y estos al rebosar por fuentes acabarán, junto con la que corre por la superficie en los ríos con un final en el mar.

APROVECHAMIENTO MÁXIMO DEL AGUA

En un principio se derivaba agua de los ríos para regar tierras. Después se hicieron presas para abastecer ciudades y para guardar agua para regadíos.

Reciclando aguas residuales se pueden aprovechar de nuevo para consumo humano, industrial o agrícola.

El agua que se traga el terreno, sea de lluvias, regadíos o residuales de ciudades o industrias, vuelve a salir en tramos mas bajos de los ríos y podemos volver a usarla.

Una vez hechas todas las presas posibles y sacada de los ríos por medios mecánicos toda la que podamos, si queremos o necesitamos mas cantidad de agua, tenemos la solución de elevar aguas de cotas bajas, lógicamente más abundantes de los tramos inferiores de los ríos, a cotas superiores o tramos altos de los ríos. El problema es que esta elevación consume energía y esta es cara, pero cuando es la única solución se hace. O se hará.

AGUA PARA CONSUMO HUMANO

Hay una serie de slogans muy conocidos y que ya todos sabemos.

"El agua es un bien escaso". "dentro de poco faltará agua" "Habrá guerras por el agua". "hay que ahorrar agua como sea". "Usar ducha en vez de baño". "No renovar el agua de las piscinas". Y tantos y tantos otros.

Que el agua es un bien escaso, de acuerdo. Que hay que ahorrar, correcto. Que falta agua en muchísimas naciones, cierto. Que falta en España, también, sobretodo en algunas zonas, como principalmente Levante, el centro y parte de Andalucía. Que se prevé un cambio climático con disminución de lluvias, ojalá fuera erróneo, pero puede ser posible, exigiendo tomemos medidas adecuadas ya por si acaso.

Veamos ahora como debe ser el consumo del agua que tenemos, y que por suerte en España es aún abundante, con zonas como el Norte, y las cuencas del Ebro y Duero, en que sobra.

El agua debe usarse en primer lugar para el consumo humano, muy creciente como vemos, por aumentar la población y por gastar cada vez mas agua por persona.

La que sobre, que es aún muchísima, debe ir a la industria y luego donde sea mas necesaria o rentable. El uso mayoritario de este sobrante serán los regadíos, y habrá algunos caudales que irán a campos de golf. Si estos con la atracción de turistas que promueven, dan mas beneficio que los regadíos que sustituyen, bienvenidos sean.

Para el uso humano no hay problema, al menos todavía. Las zonas mas secas, como Valencia, Alicante, Murcia y Almería, tienen extensos y productivos campos de regadío, y cada Ha regada consume mucha agua, Si faltara agua en alguna ciudad, con reducir un poco la extensión de los regadíos se solucionaba este posible déficit. Aquí comprendemos que el verdadero problema del agua no es para el consumo humano ni para la industria, es para los regadíos.

Con aguas caras, como las de desaladoras, también se solucionan los problemas de las ciudades. El precio bastante superior no es demasiado grave para este consumo.

Con estas consideraciones empezamos a comprender que el problema del agua, al menos en España, son los regadíos. Cada vez somos más habitantes y necesitamos más productos para comer y vestir. Ya dependemos del exterior para la energía, y otras cosas no demasiado gravosas, pero tener que depender del exterior para comer sería la debacle.

La única forma de conseguir un aumento de cierta importancia en las cosechas son los regadíos. Esencial no prescindir de ninguna Ha de riego, e incluso es preciso aumentar su extensión.

La población, el número de habitantes crece y deprisa. En el mundo teníamos 980 millones de personas en el 1.800 pasamos en el 1.900 a

1.650 millones, en el 2.000 a 6.700 millones y en el 2.011 hemos llegado a 7.000 millones. Asusta. En España no es tan grave pero si tenemos un 50% más que hace menos de 100 años.

¿Cómo conseguir la enorme cantidad de agua que ya necesitamos y la aún mayor que necesitaremos?.

Solo la conseguiremos aprovechando nuestros ríos a tope y como en muchas regiones esto no será suficiente, habrá que recurrir a trasvases de zonas excedentarias a las deficitarias.

CUENCA DE UN RIO

Cualquier país se divide en una serie de cuencas, una por río que desemboca en el mar. Pensemos en una en particular. En un principio tenía un caudal al llegar al mar y el total del agua que desembocaba era por ejemplo de 100 al año. Después se empezó a usar parte de esta agua en pueblos y en regadíos. Si llegamos a usar 50 por ejemplo, parece llegarían al mar los otros 50. No es así, llegará más. La de los pueblos tendrá un sobrante en aguas sucias, que con depuración o sin ella acabarán en el río. La usada para regar tendrá un sobrante que se traga el terreno y también acaba en el río.

Hay estudios para algunos ríos que indican se puede usar hasta dos o tres veces su caudal, y sigue llegando agua al mar.

AUMENTO DE LLUVIAS EN LA CUENCA DE UN RIO

¿Es esto posible de conseguir por nuestras iniciativas?. Creemos que si. Veamos.

En un principio el rio discurre sin ningún aprovechamiento humano. Se produce una evaporación que va a las nubes. Posteriormente hacemos pantanos, retenemos agua y regamos con ella, la evaporación debida a estos pantanos crecerá y la evapotranspiración de estos regadíos también crecerá y en mucha mas cuantía. Se incrementará mucho o muchísimo esta evaporación de agua al ambiente. Toda esta agua que se evapora caerá como lluvia. No toda caerá en nuestra cuenca, pero si una parte, aumentando las lluvias iniciales como decíamos.

AGUA AL MAR

¿Cuánta agua debe ir al mar?. Lo mejor sería aprovecharla toda y que no llegara ninguna. Sabemos que esto es imposible pues habrá agua que llegue al mar por debajo de la superficie del terreno, por corrientes subálveas, pero si que debemos usar toda la que podamos. Presas, regadíos, bombas que la saquen directamente del río, canales, recarga de acuíferos, elevación a zonas superiores mas escasas. transvases a otras cuencas deficitarias, etc.

Supongamos un caso extremo en que toda el agua del río se aprovecha. Incluso ponemos un dique en la desembocadura y subimos con bombas el agua que llega hasta conseguir que no llegue al mar, por el rio, ninguna. En esa cuenca habría nuevas aportaciones de agua por la lluvia y como no pierde casi nada de agua será cada vez más húmeda. Cada vez mas regadíos, mas humedales, mas lagunas, seguro que mas lluvia. Cambio total del ecosistema actual de nuestros ríos, y desde luego mas riqueza y mejor clima. ¿Es esto posible?. Todo quizá no, pero si debemos actuar en esa dirección.

ESPAÑA

Hay países con déficit de agua en todo su territorio. España tiene la suerte de que hay grandes zonas con agua abundante, como Galicia, las provincias del norte y ríos como el Duero y el Ebro.

Tenemos en cambio mucha escasez de agua en el centro, sur y levante. Los ríos de estas zonas, aunque aún se podrían aprovechar algo más, no dan para mucho.

IDEAS PARA ESPAÑA

Conocemos aquí algún tema curioso. Por ejemplo que un campo de golf es más ecológico en Madrid que en Málaga. Igualmente los regadíos en partes altas que cerca del mar. En ambos casos el agua que traga el terreno aflora mas abajo y puede volver a utilizarse. Las de Málaga o riegos cercanos al mar van directamente al mar por corrientes subálveas y no se vuelven a usar.

¿Cuándo podemos decir que aprovechamos el agua de nuestros ríos a tope?. Del todo, nunca. Casi a tope cuando consigamos que no desemboquen en el mar caudales importantes. Llegará día que elevaremos de unas presas a otras presas mas elevadas tanta agua que no llegue casi ninguna al mar. Que no llegue ninguna sería sensacional, pero imposible. Como las lluvias normales seguirán cayendo, nuestro país conservará cada vez mas agua, parte en presas, parte en tierras regadas, parte en acuíferos, y seremos cada vez un país más húmedo. Mucha mas evaporación y con ello un aumento de las lluvias.

Un tema muy importante son los trasvases. Hay cuencas con aguas superabundantes, como son las del norte, la del Ebro y la del Duero. Otras muy deficitarias como las del Júcar y Segura, y otras muchas bastante escasas.

Con trasvases de las excedentarias a las deficitarias se pueden solucionar grandes problemas. Se harán trasvases y la solución a las discusiones actuales de te mando agua o la uso yo, se resolverán vía precios. Pueden ser una importante fuente de ingresos para algunas comunidades del interior.

Los riegos murcianos pueden pagar el agua mucho más cara que los manchegos, mejor clima y mejores tierras. La Mancha venderá agua por el acueducto Tajo-Segura a Levante y será bueno para todos, pues la producción aumentará.

El Ebro mandará muchísima agua a Levante que la pagará bien aunque este río pierda parte de las tierras de su desembocadura. ¿Comprarían a buen precio el delta completo los murcianos si con ello solucionan su problema de agua?

Es posible que algún día tengamos problemas con Portugal cuando subamos aguas del Duero (desde Aldeadávila) para regar en Castilla y quede un sobrante que ellos consideren escaso. Igual con el Guadiana.

Para que el problema con estos dos ríos llegue a plantearse necesitaremos subir muchísima agua, pues ya sabemos que parte de la que subamos vuelve de nuevo al cauce.

TRANSVASES

Una pena la demora del previsto para el Ebro. Era muy tímido pero por algo se empieza. Debiera haber sido de un caudal muchísimo mayor. Las excusas para no hacerlo absurdas. Aragón no perdía nada, era agua que ya había pasado y que por lo que sabemos no impedía que en un futuro ellos aprovecharan toda la que necesitaran. El Delta del Ebro si se perjudicaba, ¿pero era ello causa suficiente para un uso hoy casi necesario, pronto necesario del todo, en Levante?. La solución de las desaladoras es mucho más complicada y con un costo de energía muy superior, aparte de numerosos problemas técnicos y ecológicos. Sería un agua demasiado cara para regar.

Si el consumo humano es del 10-15% en el momento actual, vemos fácil de solucionar para muchísimos años con pocas obras. El verdadero problema son los regadíos y la comida que estos producen.

Triste que por lograr unos votos se engañe a la gente de Aragón enfrentándolas con las de Levante. Que desesperante es ver como se secan tus cultivos, peor aún los árboles, por falta de un agua que sobra en otros sitios. Cuanto odio puede crear. Para completar, ahora los catalanes queriendo blindar el Ebro.

DESALADORAS

Magnífica solución, cuando no hay otra posible. Canarias por ejemplo. Alguna ciudad, urbanizaciones, campos de golf, industrias y poco más. Es un agua demasiado cara para regar y las necesidades alimenticias de una población creciente exigen el uso y aumento de los regadíos.

REGADIOS

Queramos o no cada vez tendremos más necesidad de ellos. El mundo crece y las Ha de cada país no. Hay que sacar mas Kg por Ha y esto casi solo es posible regando.

El agua se debe usar para consumo humano en primer lugar. La que sobre para uso industrial y el resto para regadíos. Y ahí, en los regadíos, es donde está el verdadero problema.

Los regadíos son muy importantes por el aumento de las cosechas y por el trabajo que absorben. Si se nos ocurrieran otras actividades para colocar a estas personas de forma más productiva podríamos traer los alimentos que dejamos de producir de fuera. ¿Existen estas actividades? Algunas si, por ejemplo, el turismo haciendo campos de golf, urbanizando las costas, logrando vacaciones alternativas en sitios alejados del mar, etc.

De todas formas, el enorme aumento de población mundial hará que los alimentos escaseen cada vez más y con ello subirán de precio. Ya lo están haciendo. Si hoy es importante autoabastecernos de los principales alimentos, en poco tiempo será necesario. Mantengamos a nuestros agricultores en el campo, son los que saben producir. Incluso subvencionando cosechas que hoy puede parecer una tontería, pero pronto será una necesidad.

Hay países que no pueden producir sus alimentos y están obligados a importarlos. Les salen caros pero no tienen otra solución. Nosotros podemos producir casi todas nuestras necesidades.

Una vez que conocemos que las verdaderas necesidades de agua son para regar, podemos ver de encontrar soluciones. La primera premisa es que debe ser un agua barata. Con agua cara salen los alimentos muchísimo mas caros que importados y es absurdo plantearlo. ¿Desaladoras para regar? Demencial o excusa política.

¿Cómo podemos llevar agua a los regadíos y que sea barata? Solo de sitios altos para que vaya por su pié y si es posible cercanos para ahorrar en las conducciones. La primera solución los pantanos, hagamos todos los posibles, incluso los casi imposibles. La segunda los trasvases desde las cabeceras de los ríos a tierras bajas. Buena solución el trasvase Tajo-Segura, con las compensaciones y pagos correctos de una cuenca a otra.

No hay muchas posibilidades de más presas ni de más trasvases que vayan por su pie.

Agotadas estas, será preciso usar la energía para subir aguas, o llevarlas lejos. Aquí aparece la posibilidad de multitud de trasvases y la construcción de nuevas presas de almacenamiento en zonas imposibles de llenar con sus aportes naturales, pero si con aguas traídas de otros rios. Con seguridad hay numerosos sitios muy buenos para hacer pantanos, pero en los que no hay agua o es muy escasa. Podemos hacerlos y llenarlos con trasvases invernales que no molestan casi nada a nadie, pues es agua sobrante. También hay acuíferos que se podrían rellenar y usarlos como pantanos de reserva, en este caso subterráneos, con la ventaja de que no se evapora nada.

Ahora vemos claro el problema. Los transvases de unas cuencas a otras para consumo humano será prioritario y obligatorio. Este consumo siempre estará por encima del uso del agua para regadíos. Como el consumo humano puede pagar precios bastante superiores a los regadíos, siempre habrá margen para compensar adecuadamente al agricultor que cede sus derechos al agua.

En cuencas escasas, como las del Tajo, Guadiana o Guadalquivir, podríamos subir aguas para regar con ellas. En un extremo, de las desembocaduras a las cabeceras, aunque normalmente no serían subidas tan exageradas. Para ello se precisa energía, mucha energía, y que no sea cara.

Habrá que hacerlo. En muchos casos será más barato y en alguno necesario transvasar de cuencas abundantes a las escasas. Duero y Ebro son las que tendrán que dar agua a las mas meridionales, las de mas al norte no interesan mientras estas dos cuencas tengan caudales sobrantes. Están demasiado lejanas.

RESUMEN

Dicen estudios recientes que el cambio climático hará subir las temperaturas varios grados en España y disminuir las lluvias de un 30 a un 40%. Si esto es así, y deseamos se equivoquen, el tema agua es gravísimo.

Dentro de 20 o 30 años seremos al menos 50 o 60 millones de habitantes. Consumiremos mas agua por habitante, pues esa es la tendencia actual. Necesitaremos regar más tierras para alimentar a esta creciente población, etc. Total necesitaremos muchísima mas agua.

Supongamos que seguimos las directrices del informe "Chubasco" y conseguimos para esas fechas, que al menos un 60% del agua que llueve se quede en tierra. Presas, subida de aguas, trasvases, etc, pueden conseguir esto y con ello resolvemos el problema del agua, incluso con esa disminución de las lluvias que se pronostica.

Cerquemos nuestra nación para evitar tirar agua al mar. Nunca conseguiremos el 100% del éxito, pero intentemos de primeras un 30%, luego intentaremos más.

Habrá problemas importantes, pero habrá que buscarles solución, pues no hacer esto nos lleva a la catástrofe.

Si todas las teorías del cambio climático y la probable disminución de lluvias, fueran erróneas, cosa que deseamos, también habrá que hacer las obras preconizadas en el informe "Chubasco", pues la situación actual ya no es buena, falta agua en muchos sitios, y además lo que si es seguro es el aumento de población y el incremento del consumo de agua por habitante.

Problemas que pensamos se presentarán pueden ser como ejemplo los siguiente, aunque habrá muchísimos mas y algunos que ahora ni podemos imaginarnos.

Trasvases de sitios altos (Ej el acueducto Tajo-Segura): Al ser el agua en destino ms barata que la obtenida de otras formas, como por ejemplo con desaladoras, los usuarios pagaran una compensación superior a la cuenca cedente y todos estarán conformes. Una pena cancelar estas magníficas obras, que pueden financiar a la Comunidad cedente. ¿Cuándo vendemos agua? Cuando queramos nosotros, es decir cuando nos compense por precio o por que nos sobra. ¿Venta obligatoria? Desde luego que no. ¿La decide el Gobierno? Tajantemente no.

Estas directrices son las que se debieran aplicar una vez caduquen los posibles derechos actuales. ¿En el 2.015? Puede que sea lo correcto.

Tales, centros de salud, residencias de ancianos, colegios, etc. Incluso la novedad que preconizamos de dormitorios para indigentes.

www.ingramcontent.com/pod-product-compliance
Lightning Source LLC
Chambersburg PA
CBHW020247290526
45784CB00003B/1138